国粹文化：文武之道——武篇

孙子兵法井田阵

一个井字大观纵览百世兵经

一套系列阵图演绎兵学奇葩

一幅脉络图谱剖析兵书结构

一组我军战史诠释兵法精要

中国广州金汉字演兵场工作室

邓斌 邓飞 范信琼 著

中山大学出版社

·广州·

图书在版编目（CIP）数据

孙子兵法井田阵／邓斌，邓飞，范信琼著．—广州：中山大学出版社，2011.11
ISBN 978-7-306-04064-0

Ⅰ．①孙… Ⅱ．①邓… ②邓… ③范… Ⅲ．①《孙子兵法》—研究 Ⅳ．①E892.25

中国版本图书馆 CIP 数据核字（2011）第 224502 号

出 版 人：祁　军
责任编辑：朱霭华
封面设计：朱　子
封面篆刻：戴　权
封底篆刻：项仲秋
责任校对：雨　珠
责任技编：黄少伟
出版发行：中山大学出版社
电　　话：编辑部 020-84111996，84113349
　　　　　发行部 020-84111998，84111981，84111160
地　　址：广州市新港西路 135 号
邮　　编：510275　　传真：020-84036565
网　　址：http://www.zsup.com.cn
　　　　　E-mail：zdcbs@msil.sysu.edu.cn
印 刷 者：广州军区司令部印刷厂
规　　格：787mm × 1092mm　1/16　14.25 印张　210 千字
版次印次：2011 年 11 月第 1 版　2011 年 11 月第 1 次印刷
印　　数：20000 册
定　　价：48.00 元

广东省版权证号：19-2009-A-0032 号

孙武像

春秋时期著名的军事家孙子

孙子（约公元前 551 —前 479 年），名武，字长卿，齐国（今山东省惠民县）人，兵家流派的代表人物，曾祖、祖父均为齐国将领。他自幼喜研兵法，颇有心得。公元前 532 年，齐国发生内乱，孙子离开齐国，到南方的吴国姑苏（今江苏省苏州市）隐居，潜心研究兵法。在吴国，孙子结识了伍子胥。

在诸侯争霸中，南方新兴的吴国国君阖闾为图霸业，欲攻打楚国，但一时难以选出合适的将领。伍子胥先后 7 次向吴王推荐孙子，称其“精通韬略，有鬼神不测之机，天地包藏之妙，自著兵法十三篇，世人莫知其能。诚得此任为将，虽天下莫敌，何论楚哉！”吴王便让伍子胥拜请孙子出山。

孙子晋见吴王，呈上所著兵书十三篇。吴王看后，赞不绝口，于是有了人们所传说的孙子“吴宫教战斩美姬”的故事。之后，吴王任命孙子为将军。从此，孙子与伍子胥共同辅佐吴王，安邦治国，发展军力。公元前 506 年冬，吴国以孙子、伍子胥为将，出兵伐楚。孙子采取“迂回奔袭、出奇制胜”的战法，溯淮河西上，从淮河平原越过大别山，长驱深入楚境千里，直奔汉水，在柏举（今湖北汉川北）重创楚军。接着五战五胜，一举攻陷楚国国都郢。吴国的声威大振，成为春秋五霸之一。对孙子的历史功绩，司马迁在《史记·孙子吴起列传》中写道：“西破强楚，入郢，北威齐、晋，显明诸侯，孙子与有力焉。”

孙子一生事业在吴国展开，死后亦葬在吴国。因此，《吴越春秋·阖闾内传》就把孙子称为“吴人”。

传世名篇《孙子兵法》十三篇，讲的全部是如何克敌制胜的战略战术，构成了一个严密的体系。

孙子兵法井田阵组合结构图

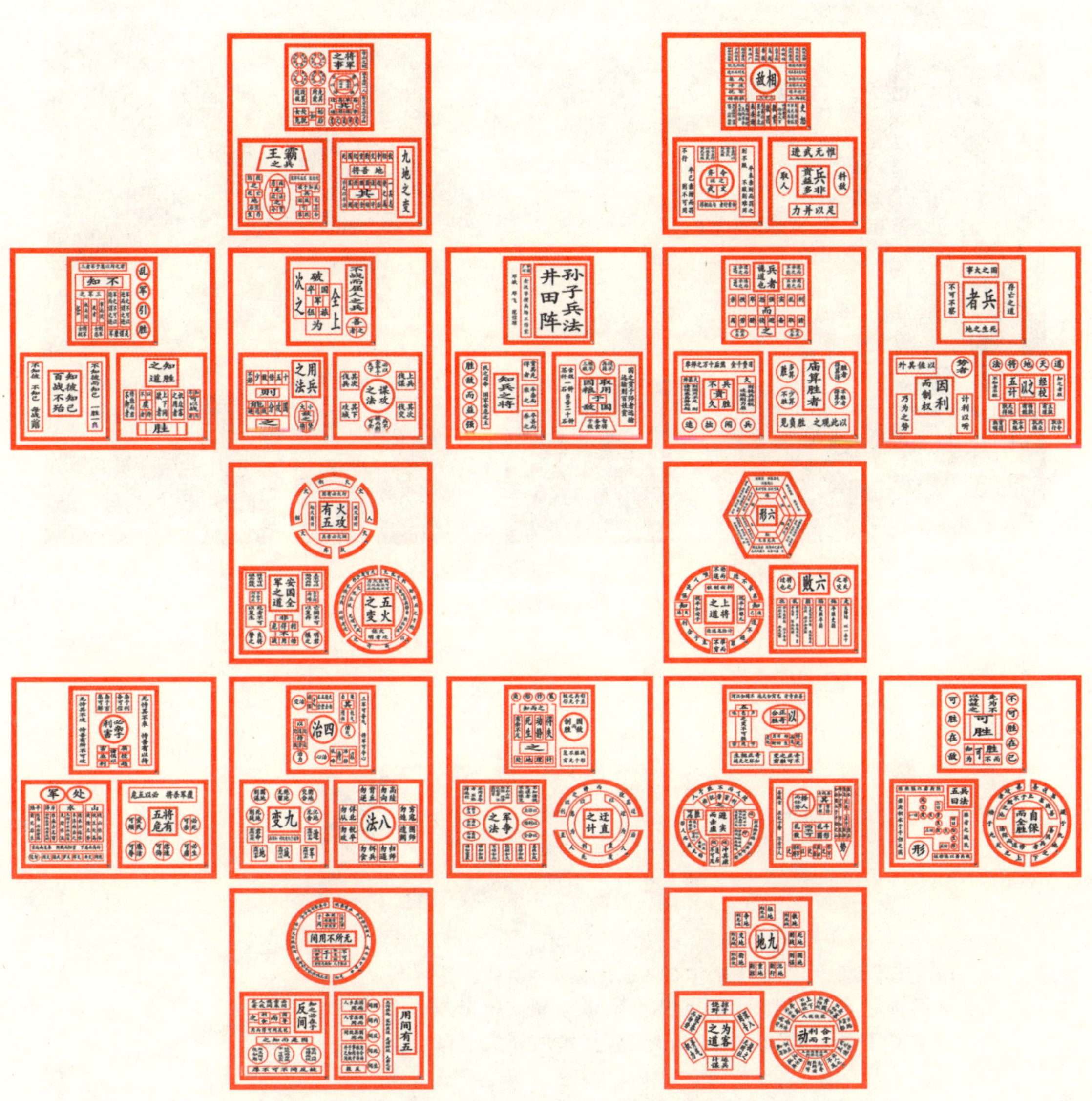

2009年，广州金汉字演兵场工作室与广州市恒程工艺品有限公司合作，设计、制作《孙子兵法井田阵》长卷作品。图为三位作者与该公司总经理朱爱国（左二）合影。

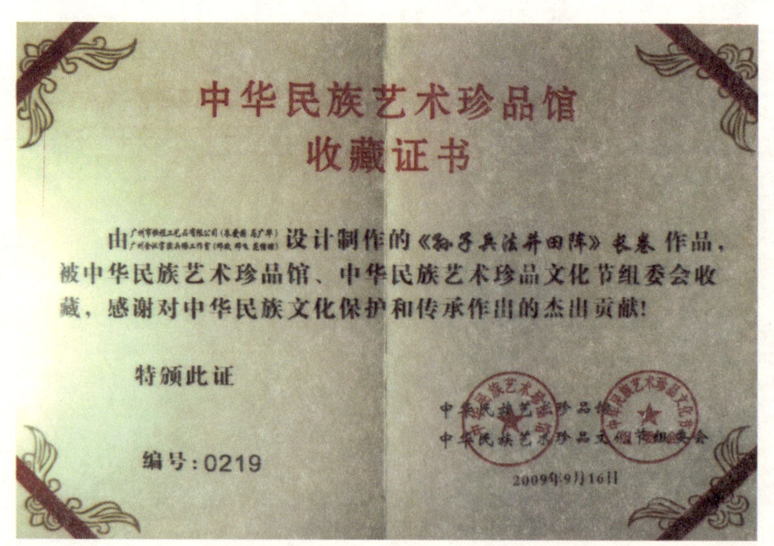

中华民族艺术珍品馆
收藏证书

由广州市恒程工艺品有限公司（朱爱国 [illegible]）/广州金汉字演兵场工作室（[illegible]）设计制作的《孙子兵法井田阵》长卷作品，被中华民族艺术珍品馆、中华民族艺术珍品文化节组委会收藏，感谢对中华民族文化保护和传承作出的杰出贡献！

特颁此证

编号：0219

中华民族艺术珍品馆
中华民族艺术珍品文化节组委会
2009年9月16日

2009年9月16日，《孙子兵法井田阵》长卷为北京中华民族艺术珍品馆、中华民族艺术珍品文化节组委会永久收藏。图为颁发的收藏证书。

广州“汉字奇人”布出《孙子兵法》艺术兵书①

中新网广州2008年12月22日电（记者 罗仰明） 记者今日从广州金汉字演兵场工作室了解到，有广州“汉字布阵奇人”之称的邓斌、邓飞及范信琼等三人将《孙子兵法》用“汉字布阵”方法,通过“井”字图案结构形式,创作出艺术兵书《孙子兵法井田阵》。

众所周知,《孙子兵法》是中国古代第一部理论体系完整的兵学经典,也是“世界第一兵书”，不仅军事上用于指导战争，在政治上、外交上、商业上、艺术上，以及社会生活各个方面也广泛运用，其价值无与伦比。然而，由于时代久远，文言文的表述，加之历来研究者的宏编巨著，无形中蒙上了神秘的面纱。如何使这一经典著作大众化，通俗易懂，深入寻常百姓家？《孙子兵法井田阵》的三位研究者通过广泛阅读孙子兵法有关著作，博取各家所长，运用汉字布阵的规律，历经十八年，终于完成了《孙子兵法井田阵》这一中国兵学文化艺术成果。

据了解,《孙了兵法井田阵》是该书作者在深刻领会孙子兵法思想的基础上，反复推敲琢磨，概括归纳，取其精要，提炼出包含《孙子兵法》基本内容、基本思想的精辟观点,然后,将这些基本观点与神奇的汉字布阵法融合起来,遵循结构合理、主次分明、形式简洁、造型奇特、无一相同、前后连贯、浑然一体、可分可合等布阵规则，把有关内容和文字重新组合，纵横“操演排列”，形成了两个作品。一个是以井田阵图案组合为特殊标志的《孙子兵法井田阵阵图》，另一个是《孙子兵法井田阵脉络图谱》。两个作品可分可合，各有特色，与阵图诠释等内容，综合成一部具有写实性和章回小说风格的艺术兵书。

《孙子兵法井田阵阵图》中的48个阵图,涵盖全部《孙子兵法》的精髓,把《孙子兵法》每一篇的基本观点一一提炼出来，然后，按汉字布阵的规律，参考中国印章的章法布局，设计、组成精美绝伦的系列阵图。

《孙子兵法井田阵》第一次以全套大型阵图，一目了然全方位展现全书精粹，结合图解的独特方式，演绎孙子兵法。该书作者力图把孙子兵法作为一个系统，宏观与微观相结合进行研究，通过对各篇进行分解与组合，理顺其篇章结构的关系而一气呵成。全书主次分明、纵横交织的脉络图谱，帮助读者加深理解和记忆，这也是迄今罕见的。此外，该书全部以中国真实战史的实例，诠释孙子兵法，让人们在学习孙子兵法的同时，回顾和感受中国革命战争的波澜壮阔，领略将帅的智谋与战场风采。可以说,《孙子兵法井田阵》是中华兵学文化的一项创新成果。

---

①中国新闻网2008年12月22日。

古风

——读《孙子兵法井田阵》

林剑纶①

（一）

千年兵刃尘与土，不战屈人兆今古。
诸葛空城退司马，赵括败阵纸上图。
奇人结合中东战，斩首行动不含糊。
人类自古多战事，四十八图一兵书。

（二）

玄机生成冥冥意，乾坤变出方圆里。
核武巡航新时代，亘古不变旧课题。
孙子兵法全布局，多少岁月着痴迷。
功夫全在方寸中，个中境界谁知己。

（三）

徐徐长卷正展开，将来胜算未安排。
魔方变化梳脉络，解法诠释不尽来。
莫道将帅真能耐，井田阵前也徘徊。
用兵达至新境域，世界从此撤兵裁。

---

① 林剑纶：作家，诗人，时评家、文史作家。
广州海外中国文化传播中心副主任。

作者介绍

2006年7月摄于云南玉龙雪山

邓斌，祖籍南京，1950年10月出生于广东，在广铁集团工作，当过工人、政法干警、教育、科研工作者，从事过旅游行业，两部单车起家，是广东铁道国际青年旅行社的开荒牛、主要创办人之一。

受旅游生涯的熏陶，凭着对华夏文化的热爱和追求，投入到汉语速记和汉字布阵研究中，创办南方速记函授部，参与研究推广“黄金密码记忆法”，合作发明“九九棋”和“小学运算公式盘”。同时，将汉字与古战阵法、传世兵法融合，潜心钻研，打开了国粹文化创作的新天地。20多载寒窗，默默耕耘聚积成才，硕果累累，被新闻界誉为汉字布阵奇人，事迹入载《共和国专家成就博览》等多部典册，国内外众多媒体进行过采访报道。

人生仰慕“有志者，事竟成”这句名言，座右铭是“悟、修、健”和“勤、恒、专”六字诀，最大的快乐是圆自己的梦。

作者介绍

2010 年 6 月摄于杭州西溪国家湿地公园

邓飞，祖籍南京，1953 年 9 月出生于广州。饱尝 20 世纪 60 年代经济困难时期饿肚子的滋味，经历十年“文革”动乱与家人离散的痛苦，后来靠自己努力争取到读书的机会，又在改革开放的大潮中与共和国一起走向明媚的春天。

长期从事经济管理教学。乘国家人事制度改革机遇的东风，进入国有企业，从事企管工作；偶然的机会，又调进政府机关——国家审计署驻广州特派员办事处，曾先后任人事教育处处长、审计业务处处长、计算机审计处处长。

渴望知识，喜好学习，热爱生活。一项心血来潮的设计获国家专利称号。参与汉字布阵研究，创作的《汉字方圆》、《成语方圆》、《成语连环八百阵》，都创造了世界吉尼斯记录。

最喜欢的话语是：让这个美好的世界更加美好！

作者介绍

1994 年 3 月摄于广州铁路（集团）公司

范信琼，1944 年 11 月呱呱落地，祖籍广东南海。17 岁半从军，在举世闻名的中国“铁军”中磨砺。10 年多的军旅生涯,练就了舞文弄墨的本领，养成了认真负责、雷厉风行的作风，培养了为人诚实、正直善良的品格。

弃武从文从事新闻事业，高级职称的主任记者、主任编辑。三十五载春秋“爬格子”的经历，养成学习、思考、探索的职业习惯，不仅擅长新闻写作，实用文体写作也有很深的造诣。爱好多多，作品多多，不仅有写作方面的专著，也有记忆领域方面的专著。个人事迹和作品先后收入《世纪的足迹》、《中国当代思想理论文库》和《中国新时期人文科学优秀成果精选》等多部典籍中，被中国管理科学研究院人文科学研究所授予“全国优秀人文科学专家学者”称号。

毕生的心愿是：人过留名，雁过留声。短暂的人生，哪怕留下一点轻轻的、浅浅的脚印，也是美好的。

前　言

《孙子兵法》又称《孙子》，是我国春秋末期吴国将军孙武（约公元前551——前479年）所著的一部军事理论著作。

有这样一个传说：孙武出身齐国的军事世家，家庭的耳濡目染和受战乱纷飞的影响，对军事颇有研究。满怀抱负投奔到吴国，好友伍子胥将其推荐给吴王阖闾。吴王看了他所写的《孙子兵法》13篇后，相见恨晚，拍案叫绝，于是当场验证，召集宫中180名宫女，交与演练。孙武三令五申，宣布纪律，宫女不仅不听从，反而大笑不止。孙武按军法毅然斩杀了吴王的两个宠姬，立即肃整了军纪，将宫女操练成可以赴汤蹈火的队伍。吴王佩服不已，拜孙武为将。自此，孙武助吴王整军习武，奋发图强，“西破强楚，北威齐晋，显明诸侯”，威震天下。

《孙子兵法》是我国古代第一部理论体系完整的兵学经典，也是“世界第一兵书”。全书13篇，约5900字，言简意赅，文义精粹，博大精深。《孙子兵法》的思想，显示了超人的智慧，上则能晓示国事战略，下则能治军打仗，商战运作也不可少，因而备受推崇，流传百世，研习者众。不仅军事家读，政治家读，从商者也读，在海外也盛名远扬。

古今中外，对《孙子兵法》进行研究的成果非常多，上万字乃至数十万字的宏篇巨著历历可见，其中不乏真知灼见。然而，正是这些厚厚的研究成果，无形中给《孙子兵法》蒙上神秘的色彩。有人望而却步，有人畏难，认为可望而不可即。凡此种种，实际上不利于对该经典著作研究的深入和普及。

金汉字演兵场工作室邓斌、邓飞、范信琼三位专家学者，通过广泛阅读孙子兵法及其有关著作，博取各家所长，发挥各自特长，精研创新，多年拼搏，终于让《孙子兵法井田阵》这一作品傲然问世。

《孙子兵法井田阵》是史上第一部艺术兵书，是用艺术形式演绎《孙子兵法》的一部军事作品。

首先它是军事作品。第一，从作者的创作动机来看，初衷是忠于原著，继承传统，熔古铸今，艺术创新，通俗形象地展示《孙子兵法》，不搞戏说。第二，从作品的布局谋篇来看，全书围绕原著展开，分四大部分：一为组合结构图。借鉴我国历史最早记载的第一个实战阵法——远古时代黄帝大胜蚩尤井田八阵法中的“井”字特殊图形，将48个阵图列阵，大器恢弘地展示孙子兵法井田阵的最佳艺术效果。二为孙子兵法体系线索。通过分析这部旷世之作的布局谋篇、篇章结构及其内在联系，梳理其体系、线索，揭示其内核。这部分是全部作品的理论基础。三为阵图及其诠释。作者在遵循和领会孙子兵法思想的基础上，取其精要，反复推敲琢磨，概括归纳，提炼出囊括孙子兵法基本内容和基本思想的40多个精辟的观点，然后，将这些基本观点艺术加工成为48个阵谱，并逐一进行诠释。这部分是作品的主要内容，也是艺术创作的主体,作品基本价值所在。四为孙子兵法脉络图谱及解释(见附录二)。这部分是在前面部分基础上的总结。一张脉络图谱，一部孙子兵法的精粹一览无遗。第三，从作品的内容来看，全部都是军事方面的，包括48个阵图诠释所引用的我军战例。

其次它是艺术作品。古今中外战争，无一不讲究排兵布阵。杰出的将军，都是以布阵见长。布阵的实质是追求和组合一种最有效的结构，具有艺术观赏价值。汉字布阵是一种独特的文字布局艺术。方块汉字具有其他文字不可比拟的特色和功能，有鲜明的表意能力和构词的自由性，能立体地与其他汉字灵活结合构词，组织成各式各样的文字阵图。基于此，作者把提炼的40多个精辟的观点，按照布阵的要求，遵循结构合理、形式简明、造型奇特、无一相同、前后连贯、浑然一体、可分可合等规则，把有关内容和文字重新组合，纵横“操演排列”，构成美轮美奂的48个阵图。阵图不仅美，最重要的是产生以小见大,以少见多,以少见精的特殊效果。阵图仅仅2580字，约占原著5900字的44%。阵图还融进了书法、国画和篆刻的章法要领，融进了心理学识记理论的形象记忆技巧等。

《孙子兵法井田阵》特色有三：一是破天荒第一次以全套大型阵图，一目了然全方位展现全书精粹，结合图解，演绎孙子兵法；二是把孙子兵法作为一个系统，宏观与微观相结合进行研究，通过对各篇进行分解与组合，理顺其篇章结构的关系，绘制了全书主次分明、纵横交织的脉络图谱，帮助读者加深理解和记忆；三是全部以我军真实战史的实例，诠释孙子兵法，让人们在学习孙子兵法的同时，回顾和感受中国革命战争的波澜壮阔，领略我军将帅的智谋与战场风采。这三个特色，是古今中外所有版本书籍都难以觅见的。《孙子兵法井田阵》是中华兵学文化的一项独具特色的成果。

《孙子兵法井田阵》以"井"字大观，全盘托出、一览无遗地展示孙子兵法的精华。一个个鲜活的图像，代替了厚厚的书本、冗长的文字；一个个鲜明的观点、奇特的文字组合、引人入胜的思路和新奇的形象记忆，代替了抽象繁琐单调的文字句列。这一来，深奥的《孙子兵法》，变得大众感兴趣和易于接受，容易读懂，运用起来也能得心应手了。

《孙子兵法井田阵》堪称旷世之作，当代兵学艺术奇书，其价值集中体现在开创了一条引导人们学习、领悟、记忆和应用孙子兵法的捷径和新路。从这个意义上说，它是一部军事教科书。

《孙子兵法井田阵》属一己之作，有待进一步完善。作品触及的仅仅是《孙子兵法》的一隅，难免有瑕疵，敬请各位行家和读者指正。

让这部千古传颂的兵书在当代焕发出夺目的光彩！让中外广大读者像珍爱一个中华国宝古董艺术珍品那样，欣赏这部兵书。希望作者心愿的种子，在岭南这片人杰地灵、春风送暖的热土上萌芽，在中华大地开花、结果，并传播于世界！

目　录

孙子兵法体系·线索

《孙子兵法》是我国现存最早的兵书，也是世界最早的兵书。全书5900多字，言简意赅，内容丰富，博大精深，系统、全面地论述军事理论、规律、谋略问题。然而，这部不朽的军事著作是怎样的一个架构？能不能把握到它的脉络和线索？为什么说它严谨？作者在研究《孙子兵法井田阵》过程的同时，不仅微观地对《孙子兵法》每一篇、每一章节、每一段落，以及他们之间的关系进行研究，更多的是从全书的整体上、宏观上、篇章之间的关系上，尝试着进行逻辑的思考和发掘。

日积月累，在微观和宏观相结合的研究过程中，终于艰难地理顺了其中的思路和头绪：

既然《孙子兵法》是一个比较完整的军事科学理论体系，全书13篇一定是按照某种逻辑关系进行布局谋篇的。换句话说，作者刻意依照一定的规律、顺序安排。什么样的规律？毫无疑义，就是战争的规律，战争谋略方面的规律。

大千世界，万事万物的出现都有一个过程，战争爆发也不例外，有一个策划、部署、发生、发展、决战、结束的过程。若把战争看作一个统一的序列，按发展阶段划分，孙子兵法13篇可以划分为五个序列部分。第一、二篇为战争谋划序列，第三至第七篇为临战前谋划序列，第八至第十篇为作战过程谋划序列，第十一篇为战争进入纵深谋划序列，第十二、十三篇为特殊谋略谋划序列。这样划分，犹如一根红线，把13篇紧密串连起来了。每一篇的主题都是该序列的一个组成部分，相对独立，又相互依托、相互联系。这一来，一部孙子兵法成为一个有机整体，形成了一个比较完整科学的体系。在整体总览之下，如同一张张开的网，结构严谨，脉络清晰，纲举目张。这一来，犹如黑暗中突然打开一扇窗，和风吹拂，豁然开朗；又像把握了一把开启《孙子兵法》入门的金钥匙，鼓舞了学习和深究全书和各篇章的信心和勇气。

作者在遵循原书结构布局和章节的顺序探讨过程中，越来越感到上述归纳划分的好处。尽管是作者的个人看法，也许还存在着不够恰当之处，但它对读者能起到启迪作用，有助于提高学习和研究的兴趣，更有助于加深对《孙子兵法》及《孙子兵法井田阵》的理解与记忆。下面，不妨逐篇进行探讨。

第一篇 计 篇

《孙子兵法》以“计”为首篇。“计”，是孙武在本兵法所用的范畴，指算计、估计。作名词用，指计谋；作动词用，指谋划。本篇开宗明义告诉人们，孙子兵法虽然是关于军事、战争、打仗领域方面的理论著作，但是，强调的不是强攻硬打，而是懂得谋划，使用计谋去取胜的军事理论著作。这就为全书定了“谋”和“计”的调子，成为学习孙子兵法的基本思路。学习孙子兵法，就要是抓住“如何使用计谋”这一主题，各篇的学习都离不开这一主题，运用这一主题去思考问题，千万不能脱离这一主题。

首篇是《孙子兵法》的概述篇，能够统览全书，概括全书内容的最基本的问题和原则。

这一篇的基本思路如下：

从战争的重要性提出问题，因为战争关系到国家和人民生死存亡，因此，在战争之前，必须高度重视，认真谋划。

谋划从什么地方着手？孙武提出了“五事”，指从“人和”“天时”“地利”“将帅”“法度”五个方面去进行分析研究。这五个方面又以什么作衡量的准则或标准呢？孙武提出了“七计”，指把敌我双方的情况加以比较，看哪一方政治清明，方针政策正确？哪一方将领有才干？哪一方占得天时地利？哪一方法令、法规能够贯彻执行？哪一方军队强大？哪一方士兵训练有素？哪一方军队赏罚公正严明？用这七个方面衡量比较，战争胜负就清楚了。这层意思把如何谋划和从哪些方面谋划交代清楚了。

接着，孙武指出，战争的根本目的就是为了“利”，争利，造成有利于自己的态势。为了达到此目的，打赢战争，必然采取灵活多变的战略战术，用兵之术就是诡诈之术。这些方法、招数没有固定的条文，也不能事先传授，而是根据战争的实际情况决定的。这层意思把用兵的精髓作了交代，为后面讨论兵法作了铺垫。

最后一层意思是强调统帅部和指挥员战前谋划，即“庙算”的重要。

全篇三层意思非常明确，从战争的重要性讲到谋划的必要性、谋划的原则、标准，再讲到战争的目的决定了战争必然是错综复杂的，因而打仗用兵必然是诡秘的，因此要谋划，尤其是指挥员的谋划。

三个层次，三个要点，非常明确，层层深入，一环扣一环，简洁明了地交代了首篇乃至全书的要点。

第二篇　作战篇

强调统帅部和指挥员的“庙算”，对一场战争来说，具体需要谋划一些什么？有哪些基本要点？这是本篇需要研究的问题。在古代，不论什么战争都统称为作战，因而本篇以《作战篇》命名。

这方面，孙武的回答是很明确的，思路也很清晰：

首先，指出发动战争要作好充分的物质准备。因为道理众所周知，战争是建立在物资基础上的，战争胜负终归依赖经济实力的强弱。

接着，孙武提出在战略谋划方面，必须本着速战速决的指导思想。因为应付持久的战争，于国、于民、于军队都不利。

再说，战争即使能速战速决，也有一个解决军队的粮草补给问题。从遥远的国内补充，远途运输不现实。于是，孙武提出了“因粮于敌”的主张，即取敌资源，补充自己。这是解决军队补给的最好办法。

末了，孙武提出速战速决，还要激发同仇敌忾的士气。怎么去激发？作为“知兵之将”的人，一要懂得奖励士兵，二要优待俘虏。

本篇四个层次，都是回答一旦发动战争或打起仗来的时候，在谋略方面需要思考的四个方面：即要做好战争的物资准备，要确立速战速决的思想，要做好军队的补给，要激发士气。四个方面、四个层次，看起来相对独立，但又可以通过速战速决联系起来，总体上属于递进式的逻辑关系，而每一层次之间，存在因果关系的要素。这四个方面，就战争来说，无论是古代或现代战争，都具有很大的指导价值。

小结：这两篇属战争谋划序列。孙武以两篇篇幅，探讨战争的一般规律和原则，具有普遍性的指导意义。全书各个章节，都是围绕着这些基本规律、基本原则展开。

为了让读者对照学习后面内容，便于记忆，这里不妨重复本序列的一些基本观点、规律、原则：

战争是非常严酷的，要打赢战争，需要用计、谋划。谋划从“天时、地利、人和、将帅、法度”的“五事”着手，以“七计”作为标准衡量。战争是复杂的，计谋也是千变万化的，要根据实际情况而定，战前将帅的谋划非常重要。

发动战争，必须做好物质准备，因为战争的胜负取决经济实力。要速战速决，做好粮草的补给，懂得“因粮于敌”，激发士气。

第三篇　谋攻篇

从本篇《谋攻篇》开始，直至第七篇《军争篇》，进入临战前谋划序列。孙武以五篇的篇幅，讨论战争进入临战阶段之后需要把握的谋略问题。探讨的热点从战争的普遍性问题，转向战争的特殊性问题，逐步深入，向人们展示一个个战争谋略方面的大千世界。无疑，这一序列是孙子兵法的精华、关键所在。

临战前的谋略有很多，譬如进攻方面的谋略，就需要探讨，需要研究。

本篇研究的就是谋攻方面的问题，顾名思义叫《谋攻篇》。

本篇的中心突出。谋取进攻，就要确立“必以全争于天下”，即力求“全胜”的思想，不仅打赢，而且要全胜。全胜，是全部进攻谋略的出发点、着眼点和归宿点。

作品探讨围绕这一中心展开，思路非常鲜明：

什么叫全胜？全胜的内涵有哪些？孙武以“五全”为准则，即与敌方交战，要使他们全国、全军、全旅、全卒、全伍都屈服投诚。光打败他们，即使是百战百胜，也不是最好的，最好的办法，就是“不战而屈人之兵”，就是说运用谋略，不用兵戎相见，就使敌人屈服。这就是全胜的理想结果，战争的最高境界。

紧接着，孙武阐述做到全胜的四类方法，一是伐谋，二是伐交，三是伐兵，四是攻城。即用谋略取胜是上策，其次是使用外交手段取胜，再次是动刀枪，消灭敌人有生力量，攻城的方法是不得已的办法。他强调，一定要运用谋略，就是用第一类方法去夺取全胜。

非要用战争解决问题不可的时候，怎么办？孙武提出六种战法。即“十则围之，五则攻之，倍则分之，敌则能战之，少则能逃之，不若则能避之”。这是根据敌我双方力量的对比，采用的不同战法，其核心是集中优势兵力打歼灭战。孙武这一天才论断，成为打胜仗的一条基本法则。

接着，孙武毫不留情地揭示和批评了君主干预战场指挥带来的三种危害。

之后，提出了预知或判断全胜的条件。这就是“知胜有五”的五个方面条件。指对战争形势准确把握，懂得在什么情况下可以作战，什么情况下不能作战；什么情况下多用兵，什么情况下少用兵；善于调动将士的积极性，能使军队上下同德同心；我方有充分的战前准备，而敌方疏忽懈怠；国君开明，将帅能独立发挥军事才能。就是说，这五个方面具备了，就知道能否达到全胜的目的了。其实，五个方面就是《计篇》中“七计”在全胜上的具体体现。

最后，孙武归纳了一句至理名言：要全胜，就要“知彼知己，百战不殆”。

本篇五个层次，都围绕“全胜”这个中心展开，先提出全胜的观点和解释全胜的内涵，紧接着阐述如何做到全胜，强调要实施上策，以谋略去夺取全胜。一旦需要战争解决问题怎么办？他提出一条打仗的基本法则，就是要集中优势兵力打歼灭战。接着他又提出判断是否全胜的条件。末了，下个知彼知己，夺取全胜的结论。五个层次，步步深入，环环紧扣，很有逻辑性，结论最后水到渠成，非常有说服力。

这是一篇非常精彩的文章。“不战而屈人之兵”、“上兵伐谋”、“集中优势兵力打歼灭战”，以及“知彼知己，百战不殆”的观点，非常经典地揭示了战争的规律，是战争谋略的至高境界。

第四篇　形篇

本篇继续前一篇讨论“全胜”的问题。何谓“形”？感觉抽象，比较玄。仔细阅读分析，头绪渐现。若把文章倒过来分析，原来是照应《作战篇》中提出的战争是建立在物质基础上的，战争胜负终归依赖经济实力强弱的观点，回答“全胜”靠什么的问题——“全胜”靠实力作支柱，作保证。实力表现是多方面的。例如，要靠自己，创造一种不被敌人战胜的势态；抓住敌人自我暴露的弱点，或我方使用诡道，让敌人暴露弱点，创造攻其无备、战而胜之的战机；当自己兵力不足，采取守势时，要“藏于九地”，十分严密地隐蔽自己；当自己兵力充足，处于优势时，进攻就要“动于九天”，以雷霆万钧之力，杀得敌人措手不及；我方对战场形势分析，战略研究、决策、部署，战术的安排等，都没有差错，先创造必胜的条件，立于不败之地后，才向敌人宣战；要修明政治，严守法制等。上述这些，充分体现了“兵者，诡道也”的思想。总之，国土要大，物产要丰富，兵员要众多，力量对比要占绝对优势。有了这种物质基础，还要形成一种“决积水于千仞之溪”的气势，就像掘开积水的堤坝，凶猛的积水从千丈之高处倾泻而下，排山倒海，势不可挡。孙武把上述物质的因素视为“形”，并以此命题。

这样分析，本篇有自己独特的思路，大致分三个层次：

开头以过去善于打胜仗的人说起。第一自然段和第三自然段，都表述“为什么能够打胜仗？”的共同思想。孙武说，因为他们在打仗前，不仅自己能够创造不会被敌人打败的条件，还能够等待和创造战胜敌人的时机。他们能够每战必胜而不会有差错，因为所创造的条件和采取的措施是必胜的，总是使自己立于不败之地，而且绝不会放过任何时机，打败处于必败的敌人。这就告诉人们，取得战争胜利是有条件、有时机的。条件、时机其实都是实力的表现形态。

顺着不可胜与可胜的话题延伸和扩展，接着，孙武讲述战争中的攻守矛盾。攻与守以及不可胜与可胜、兵力多与少有直接的关系。一般来说，不被敌人战胜，就因防守得好；能战胜敌人，就因进攻得法；采取守势，因为兵力少；采取进攻，因为兵力有优势。如何正确处理攻守矛盾，他提出一个战略原则：守要守得“不可胜”，攻要攻得有机可乘；兵力少应着重防守，兵力占优势方可进攻；守要守得像“藏于九地之下”那样隐蔽，攻要攻得像“动于九天之上”那样出其不意和势不可挡，才能自保全胜。攻与守以及“藏于九地”或“动于九天”，完全取决于兵力的多寡。

条件、时机是实力的表现，兵力多寡，更反映了实力的大小。实力大小最终由政治和物质因素决定的。孙武明确提出“修道而保法”政治方面的要求，还通过对兵法的五个范畴（即度、量、数、称、胜）关系分析，以及“镒”与“铢”的对比分析，得出上述的结论。而且要求这样的实力，一定要显示出“决积水于千仞之溪”的气势。他把静态的物质形态，看作动态的物质形态，因而实力更显重要了。这一层次道出了全篇的中心，即全胜必须建立在客观物质基础上，要有雄厚的实力作保证。

很明显，本篇中心思想在结尾，与上篇开头就道出本文中心完全不同。这就决定了两篇文章结构不一样。从布局上分析，前篇属演绎法，后篇采用归纳法；从结构上分析，彼此都存在因果关系。前者，前果后因；后者，前因后果。本篇前两个层次的内容，表面看来与主题不相干，实际上却为主题作了铺垫。换句话来说，没有前面的铺陈，难以得出后面的结论。“形”，貌似虚，而“动态的物质”，却是实实在在的。

《形篇》说了这么多，无非阐述这样一个观点：“全胜”的谋略是建立在客观物质基础上的。要善于利用这种物质力量，造成一种“决积水于千仞之溪”的冲击力。这就是“形”。因此，要全胜，就要扎扎实实地打好物质基础。

在阐述过程中，像“先为不可胜，以待敌之可胜”。“善守者，藏于九地之下；善攻者，动于九天之上”、“善战者，立于不败之地，而不失敌之败”等思想，不乏为军事上的真知灼见。

第五篇 势 篇

讲到“形”，通常与“势”联系在一起，“形势”一词的词义，指事物发展的状况与趋向。孙武把它们分开来理解，富于“形”的“物质”含义，那么，必然要对“势”作一番解释。所以，上篇以“形”命名，本篇则以“势”命名。毫无疑义，本篇的中心思想就是讲军事上“势”的问题。

“势”是什么？细读全篇，孙武讲的“势”有三处。这三处，用了三个比喻来描写、展现。一处为“激水之疾，至于漂石者，势也”，另一处为“势如弩”，再一处为“如转圆石于千仞之山者，势也”。解释三句话，就是“湍急的流水，飞速地奔流，以致能冲走石头，这就叫做势”；“势，就像张开满弦的弓，险峻异常”；“就像转动的圆石从万丈的高山上滚下来那样，这就是所谓的势”。孙武用水、弓、圆石三种物质，在运动过程中产生的能量去比喻和形容“势”。不难理解，所谓势，就是物质运动的气势、气魄。物质运动形成的“势”，是外力作用的结果。夺取战争“全胜”的“势”，要靠发挥人的主观能动性。

如何去“造势”呢？孙武并没有正面回答，而是通过择人，从侧面作了解释。分析全篇的思路，就不难看出来其中的巧妙。

不妨把开头看作引子。从军队编制、管理、纪律方面，引出了在战术运用上的两个原则：一个是奇正结合，出奇制胜；另一个是虚实结合，避实击虚，以实击虚。这段引子，目的是为了引出篇末中提出的“择人而任势”问题。“任势”最重要是“择人”,就是说要选择优秀的指挥员，让他们统帅好军队，才能造好势。后面所说的“斗乱而不可乱”、“形圆而不可败”，即最乱的时候，军队都不乱，不打败仗，就是因为有个好统帅。

顺着引子，孙武以较长的篇幅和生动贴切的比喻，阐述奇正相生的辩证关系和出奇制胜的道理。无可否认，这方面的阐述十分精彩、深刻、透切。但是，醉翁之意不在酒，就全篇的思路上说，仍然是回答“择人”问题，即选择那些会灵活运用奇正战术去造势的指挥员。

接着一段，阐述“势险”、“节短”的“造势”命题，照应《作战篇》中速战速决思想。“造势”要兵贵神速、出其不意、攻其无备，实行短距离突击，实际上是说要善于选择会“造势”的指挥员。

在阐述乱与治、勇与怯、弱与强的关系后，告诉人们还要选择那些“善动敌者”，即能以“形之”、“予之”、“利动之”去调动敌人，最后以“卒待之”，能歼灭敌人的指挥员。

末了，进一步道出“什么是势？”的中心。

本篇无论从文意上还是结构上，特色是相当鲜明的。从内容上看，全篇可用“一个中心两个层次”作归纳。文意上，即以“势”为中心，回答什么是“势”和如何“造势”的问题。重点阐述“奇正”和回答“势”和“择人而任势”两个层次。孤立地看每一段，似乎都有独立的段意。思路分析表明，如果用以“势”为中心这一主题“串”解全篇，每个段落就不是孤立的了，都是为了说明主题。他们既独立又相互紧密联系，围绕中心形成的一个有机的整体。而且，中心思想都融进了各个段落中。结构上，散文架构，全篇具有形散而神不散的韵味。说孙武是一位散文的大家，一点都不假。

更值得称道的，孙武在文中提出的“奇正相生，出奇制胜”和“乱生治、怯生勇、弱生强”的两个军事策略的命题，符合物质运动和发展规律，是朴素的军事辩证法又一表现。

联系《形篇》和《势篇》，孙武的思路非常清晰，思想非常鲜明：临战前，不仅要创造雄厚的物质基础作支柱，还要造就敢于藐视敌人、压倒一切敌人的大无畏英雄气概，物质、精神因素兼备，全胜才有保证。

从本篇开始，孙武的笔锋逐渐触及“择人而任势”，发挥《计篇》“五事”中的将帅作用了。

第六篇　虚实篇

在《势篇》的开头，提到“避实击虚”的问题，但没有具体展开阐述，实际上，孙武有意设置悬念，留下伏笔，目的是让人们继续追朔探讨“虚实”问题。这是孙武又一高明之处。

人们常说，要依据实际情况决定工作方针，打仗也一样，尽管战场情况千变万化，也得要因敌制胜，根据敌人的不同情况，制定不同的取胜谋略。取胜之道虽然没有一成不变的模式，万千条中说到底，就是一条：“避实击虚”。要打胜仗，就得避开敌人坚实之处，攻击敌人的弱点，战略部署是这样，战术运用也应该这样。这是作战用兵的一条基本规律，是“兵者，诡道也”又一生动的体现。孙武给人们揭示了这条战争规律，很有现实的指导价值。

全篇就是围绕“避实击虚”这一谋略展开的。虚实是什么？不难理解。何谓“实”？兵力集中，攻击有力；何谓“虚”？兵力薄弱，防守分散。“避实击虚”表现在哪？如何更好地运用“避实击虚”的谋略？随着文章的思路拓展，答案渐露端倪。

第一段意思很明白，说的是掌握战争的主动权问题。从先占领或控制战场重要位置说起，到以利诱之或设置困难的办法，再到让敌人“劳之”、“饥之”、“动之”，其中最重要的一句“致人而不致于人”，能调动敌人而不被敌人调动，就是讲要把战争主动权掌握在自己手里。无战争主动权，谈何“避实击虚”？

接着，讲到出其不意，攻其不备，打击敌人空虚之处的问题。文里提到的进、退、攻、守，都体现了这一思想。进，敌人预料不到的方向;退，则敌人速不达而不可追；攻，敌人无法救援的地方，所不守的地方，所不能救援的地方，不知道的地方；守，敌人无力攻取的地方，敌人不知道从哪里进攻的地方，敌人无法与我作战的地方。其中，“至于无形”、“至于无声”，指敌人觉察不到任何形迹，听不到任何声音，就是出其不意，攻其不备的最好写照，集中体现了“避实击虚”的谋略。

跟着说到“形人而我无形”，使敌人暴露形迹而我军不露痕迹；集中优势兵力，“以十攻其一”，以及如何使我众敌寡的问题，其实都是“避实击虚”谋略的最佳实施效果。

一个过渡段后，文章巧妙地转折到另一层意思。孙武说了“策之”、“作之”、“形之”、“角之”。意思是运用四个“之”，捕捉敌人的弱点，使我军达到“形兵之极，至于无形”，进入绝不显露一点形迹的最佳状态，运用“避实击虚”谋略，“因敌而制胜”，实现“全胜”的最佳战略效果。同时，他指出，每一次胜利的作战谋略方法都不是简单的重复，而是根据不同的敌情灵活运用的结果。谋略的变化是无穷的。

结尾，用流水、五行、四时、日月的变化，进一步说明谋略是千变万化的道理，阐明“因敌制胜”的思想。他感叹道，能根据敌情制定不同的谋略获取胜利，可称为用兵如神啊！

又是一篇非常精彩的文章。洋洋洒洒，其实可分两个层次，回答“避实击虚”作战规律的两个问题。前三段，回答“避实击虚”表现，让读者知其然。末两段，回答如何更好地运用“避实击虚”谋略，又让读者知其所以然。文章观点鲜明，布局合理，层层深入，娓娓道来，阐述十分自如。怎样写议论文？《虚实篇》作了示范。文章中很多精辟的论断，都是值得军事家借鉴的。

第七篇　军争篇

本篇就题目而言，临战的两军进入对垒时刻，应该实施什么谋略最有效、最能达到胜利的目的呢？孙武指出，谁先到达或占领有利地形，谁就获得先机。争夺先机，是临战对垒的两军必争的要义。因而，取“军争”命题。毫无疑义，争夺先机，也是全篇的主题。

全篇的思路并不复杂，不妨作如下分析：

开宗名义，开篇就切入主题。两军相对，最难的是争取先机问题，也就是争夺战争主动权的问题。如何争取先机？孙武提出把迂回的弯路变成直路，化不利条件为有利条件，就是“迂直之计”。什么是“迂直之计”？故意迂回绕道，利用小利引诱敌人，从而达到后出而先到，取得先机。“迂直之计”的最终目的，就是为了争夺先机。

然后，辩证地分析军争，凡是有利的，也是有危险的。文中通过分析带着装备辎重和放弃装备辎重去争利造成的恶果，揭示战争的后勤供应的重要性。指出争取先机的危险方面，是告诫人们认识军争是有条件的，从而避免盲目性，提高主动性。

接着，提出争夺先机要把握三个条件和三条原则。三个条件：指“三不能”，即不知诸侯的战略意图，不能与其结交；不知山林、险阻、沮泽的地形，不能行军；不重用向导，不能得到地利。三条原则：指用兵原则的“三以”：以诈立、以利动、以分合为变；用兵行动原则：快如疾风，缓如森林，攻如烈火，不动如山，隐如阴天，动如雷霆；利用敌国资源的原则：掠乡分众，廓地分利，悬权而动。孙武强调说，懂得“迂直之计”就能胜利。“迂直之计”是军争中争先的法则。

下面内容集中回答一个问题：如何去争夺先机？讲了三项措施。一是懂得用金鼓、旌旗和火把来指挥军队。二是用治气、治心、治力、治变的“四治”方法对待敌人。治气，指避其锐气，攻其懈怠衰竭之时。治心，指以己的严整，对待敌的混乱；用己的镇静，对待敌的轻浮。治力，指用己的接近战场，对待远道而来的敌人；用己的安逸休整，对待疲于奔命的敌人；用己的充足粮饷，对待饥饿不堪的敌人；治变，指不去攻击旗帜鲜明、阵容整齐的敌军，掌握灵活机动的作战方法。三是实施用兵“八法”来对付敌人。即敌人占领高山，不去仰攻；敌人占领高地，不去正面攻击；敌人假装退却，不去跟踪追击；敌人的精锐，不去进攻；敌人的诱惑，不要上钩；敌人退回本国，不要拦阻；敌人被包围，留个袋口；敌人陷于绝境，不要过分追逼。

归纳上述思路，明白地说了三层意思。第一层，回答两军对垒为什么要争夺先机。第二层，回答争夺先机的条件和原则。第三层，回答如何去争夺先机。至于开头提到的“迂直之计”，实际上也是“避实击虚”原则的引申和具体运用。文中提到的用兵谋略，都是战争基本观点、规律、原则的灵活运用和生动的发挥。

纵观全篇，给人深刻的印象，可用“明快、干练”四字概括。说“明快”，就是主题集中，观点明确，思路明朗。说“干练”，就是阐述精巧，畅达淋漓，通彻明白。本篇从立论到布局谋篇，其写法都值得效仿。

小结：这五篇阐述临战阶段的谋略。战争不打则已，打则必须确立“必以全争于天下”的“全胜”的思想，战争要有雄厚的物质基础作保证，还要营造藐视敌人、压倒一切敌人的英雄气概，要“致人而不致于人”，出其不意，攻其不备，因敌制胜，避实击虚，迂直之计。这一序列内容非常丰富，所说的谋略非常精彩、有军事价值。

第八篇　九变篇

从本篇开始至《行军篇》、《地形篇》，进入作战过程序列。孙武用三篇的篇幅讨论与地形有关的谋略问题，带着读者进入一个更新、更丰富多彩的战争谋略天地。

在古代，“九”，泛指多；“变”，指变化，包括无规则的变化。在作战过程中，谋略也是多变的，要根据战场瞬息万变的客观实际，采用灵活多变的战略战术，才能达到全胜的目的。“迂直之计”的实施，必须根据地形和敌情的变化，灵活处理，变通应对，切不可循规蹈矩，机械行事，以免贻误战机。以多变的谋略应对多变的情况，是本篇的中心，因而取“九变篇”命题。

本篇的层次明晰，观点也非常明确。全篇明白地说了三层意思，一是五种地形、五种情况下，必须懂得应变；二是作战时，要利害兼思，懂得调动和支配诸侯，对敌人千万不要存在侥幸心理；三是对将帅提出了“五危”的警告。乍看起来，三层意思各自独立，关联不大，实际上不是这么一回事。下面，不妨仔细分析全篇的思路，看看作品的特点。

开头直截了当，直言打仗了，就要懂得“九变”。文中先说“圮地”、“衢地”、“绝地”、“围地”、“死地”五种地形的应对，后讲“途有所不由”、“军有所不击”、“城有所不攻”、“地有所不争”、“军命有所不受”等五种情况下的应对，指出这就是“九变”，懂得“九变”，就懂得用兵，否则，就不能很好地指挥军队。这层意思开门见山，以摆情况作为问题的提出。

接着，讲聪明的将帅看问题要权衡利、害两个方面，以及两面兼顾的好处。随后，讲到运用谋略使诸侯乖乖地听从调遣，化不利因素为有利因素。指出不要存在侥幸心理，提高警惕，切实做好打仗的准备。其实，这层意思再明确不过了。就是说，战场、谋略上的千变万化，万变不离其宗，任何时候都“必杂于利害”，抓住这一主要矛盾，千万不能有侥幸心理。这是万变中的不变。

最后，提出“必死”、“必生”、“忿速”、“廉洁”、“爱民”的五危，为将帅敲响警钟，不要陷入“履军杀将”的境地，而且，把“五危”提高到“不可不察”的高度。“五危”，是针对将帅的性格上的缺陷而言的。为什么孙武要讲这个问题？道理并不难懂，正如人们常说的“干部是决定的因素”那样。很明显，“九变”的问题，关键在于将帅，而将帅的关键，在于个人的心理和素质品德。

至此，全篇的逻辑关系一目了然了——层层深入的递进关系。主题是“九变”，重点是权衡利弊，而关键是在于将帅的心理和素质品德。全文短小精悍，就像进入了战场，短兵相接，需要的是干脆利落，点到为止，精要破土而出。文章这种布局和写法，含而不露，包容了博大精深的内容，而金子就在其中，显得非常有说服力，值得一学。其中，“君命有所不受”、“必杂于利害”、“五危”的观点，都是战争实践基础上的总结。

第九篇　行军篇

行军打仗，打仗离不开行军，行军目的是为了打仗。如果说，上篇讲的临机应变是作战过程需要懂得的第一个方面的谋略，行军过程则是作战过程需要懂得的第二个方面的谋略。因为是讨论行军方面的谋略，以《行军篇》正名。

本篇层次清晰，可从四个方面划分：一个方面是回答行军过程遇到的四种地形以及一些特殊地形时，如何安营扎寨和应对；第二个方面是指出行军过程的33种侦察敌情方法；第三个方面是阐述作战的一条基本规律。第四个方面是对部队必须实施政令与军纪相结合的治军方法。乍看起来，四个方面各讲各的，有所脱节，实际上却是围绕“行军”展开的。譬如，后面两个方面讲的是作战的基本规律，当然对行军方面也是适用的。

先揭示作者的基本思路：

和其他篇章一样，本篇开始就进入情况。细致地讲了处于“山”、“水”、“斥泽”、“平陆”四种地形下的行军处置方法。首先讲山地上的处置，然后讲江河流水上的处置，再讲盐碱沼泽地带上的处置，最后讲平原上的处置。为什么讲这四种？孙武指出，这四条原则，是黄帝战胜四周部落的经验。

然后，讲安营扎寨和军队如何淌河的一般规律。

随后，又讲了“绝涧、天井、天牢、天罗、天陷、天隙”六种特殊地形的处置方法。

严格说来，以上所阐述的是一个方面的意思，就是在行军过程所遇到不同地形如何处置的方法和规律，讲得比较集中。

接下来，孙武不厌其烦地列举了在行军过程中33种判断敌情的方法。非常具体细致，也比较集中。所讲的方法，对冷兵器时代的战争很有指导价值。在当今信息时代，通讯技术高度发达的今天，也有相当的参考意义。

接着，他用几句话过渡。这几句话轻巧，分量却重千斤，而且非常经典：“兵非贵益多也，惟无武进，足以并力、料敌、取人而已。”这既是对前面所阐述内容的总结，又为后面以至下一篇所说的内容留下伏笔，却在不经意中，阐述了一条非常有价值的战争规律，值得每个指挥员参考。其中，不要冒进和判断敌情两句，就是上述一二方面的内容高度的概括和总结。

最后，阐述军队平时的管理必须实行：“令之以文，齐之以武”的道理。这是一条必胜之道。行军，没有严厉的军纪约束，很可能暴露军队的行踪，就会打败仗。

上述分析，可以看出，本篇总体上是以并列关系进行布局谋篇的。因为四个方面都可以独立，又共同服务于行军这一主旨。但是一二与三四方面之间，又存在因果关系的因素。譬如说，行军是战争的一个部分，必须遵循战争规律。平时没有严格要求，就带不出能打胜仗的军队。

《行军篇》中，又一次凸显孙武的大家风采。本文高明之处在于，既摆事实，又讲道理，事理交融，文章表面上看似松散，其实结构是非常严谨的。

第十篇　地形篇

本篇与上篇一样，都是从阐述地形方面的谋略开头，不同的是，《行军篇》讲行军过程中对各种地形的处置方略，《地形篇》则是讲与作战有密切关系的地形，即战场上遇到的带有普遍性指导意义的地形之下的应对策略。如何灵活地利用地形？这是战争过程需要懂得的第三个方面的谋略。因为集中讲地形方面，所以顾名思义，以《地形篇》命题。

然而，纵观全篇，讲地形只是个由头，醉翁之意不在酒。作者的旨意是什么？文章的中心又是什么？不妨从文章的结构布局和作者的思路分析：

开篇，孙武拉开架势道，影响军队进退的战场地形就有“通”、“挂”、“支”、“隘”、“险”、“远”六种，也叫六形。然后，分别把这六种地形对作战的关系、各自的特点，以及遇到不同地形时应采取的行动方针、作战措施，一一加以阐述。最后强调，这六条，是利用地形的原则，关系到军队胜败存亡，责任重大，作为将帅，不可不研究。这里的“不可不察”，与本书开篇首句的“不可不察”是一样的意思。可见，他所强调将帅对六形的研究，是多么重要。

一个“故”字作转折，孙武讲到在战场上，军队内部会出现的“走”、“弛”、“陷”、“崩”、“乱”、“北”六种必败的情况，也叫六败，并一一把六种必败情况作了解释。他严肃指出，这六种情况不是天灾，而是将帅的过错造成的。凡有这六种情况，都必然造成失败，是将帅的重大责任，是“不可不察”的。又一个将帅的责任，又一个“不可不察”。至此，本文的主旨是什么？端倪已初露了。

一个“夫”字的叹息，又一个转折。打仗不能不讲地形，地形说了这么多，地形在战争中究竟起什么作用？“夫地形者，兵之助也”，不过是用兵的辅助条件罢了。轻描淡写！那么，什么是关键呀？“上将之道也”。好一个“道”字！意义深远。包含有将帅的职责、战争的规律、将帅的品格、用兵的法则等。如判断敌情，定下决心，考察地形的险易，计算道路的远近。往下各自然段的阐述，实际都围绕“道”开展。

讲根据战争实际情况，遵循战争发展规律之道。战争不以君主的意志所转移，能够取胜的仗，君主说不能打，也要打；不能取胜的，君主说要打，也不能打。接着讲将帅品格之道。要有“进不求名，退不避罪”，指进不求名誉，退不避刑罚，因为对民众、对君主都有利。孙武说，这样的将帅，是国家的宝贵财富。讲爱兵和军队的管理。

最后，强调用兵之道。行动而不会迷惑，举措变化无穷；知彼知己，知天知地，胜利就完全有了保证。

说到此，本文的主旨非常明确了。孙武完全是以说地形的借口，道将帅之素质。因为地形是死的，人是活的，靠将帅去活用、把握。回头看上篇“取人而已”的经典名言，说他在上篇中留下伏笔，一点都没有错。

本篇的结构很有特点。三个层次并列，都围绕将帅之道展开，以并列关系布局。说到“上将之道”的各部分，也是以并列关系布局。

本篇有许多名言，如“夫地形者，兵之助也”、“料敌制胜，计险厄远近，上将之道也”、“动而不迷，举而不穷”、“进不求名，退不避罪”、“知彼知己”、“知天知地”等，非常难得。

小结：这三篇属作战过程谋划序列，涉及地形问题。纵观全书，有四篇五处阐述“地形”。如此强调地形，是作者地形观的具体写照。不同的是《九变篇》是从泛指的角度说了五种地形；《行军篇》是从行军遇到的角度讲了四种地形和六种特殊地形；《地形篇》是从战场的角度说的“六形”。下篇《九地篇》则从战斗进入纵深，深入敌国的角度说地形。讲地形，又说“夫地形者，兵之助也”。作者不仅为了照应首篇的“五事”，其实是为了突出“料敌制胜，计险厄远近”的“上将之道”。

第十一篇　九地篇

本篇阐述的是战争进入纵深序列，还是从地形说起。孙武把进入敌国后对战略行动有影响的地区归纳为九种，研究其行动谋略，因而直接命题为《九地篇》。

表面上看，本篇主题不够突出，有点“散”，好像一段说这些，另一段又说那些，令人费解。但是，仔细地读，分析琢磨，一条红线——深入敌国后的应对策略——贯串其中，形成很有特色的思路，作者采取了意识流的艺术手法进行布局。这点，完全可以从文章的段落、层次分析看出来。

和大多数篇章那样，开头，作者以一派军事家的口吻告诉人们，根据用兵的规律，以对作战的影响的程度不同划分为九种地区，也叫“九地”，并简要地介绍“九地”的特点和应对的作战方针。值得指出的是，“九地”只有第一种“散地”是在本土内作战外，其他八种都在敌国里作战。在敌国不同地区作战，如何指挥？

作者的思维转得快，马上与将帅的指挥艺术联系起来了。于是，道出过去善于用兵的人的经验。如，致人而不致于人，调动敌人，造成对我军有利态势；攻其不备，打他个措手不及等。想着想着，他又回到了在敌国作战的事。

进入敌国作战有什么规律和原则，即“为客之道”呢？他不仅强调要因粮于敌和养精蓄锐，并气积力，运兵计谋，尤其用了不少笔墨阐述在外作战，对我军、对士兵的作用，一句话，就是“陷之死地然后生”。

接着，他的思维回到了指挥艺术上。要把部队造就成为像常山的蛇“率然”那样，任何时候都能首尾相照应，士兵奋勇作战，将帅指挥得当，全军上下团结像一个人那样。在这种情况下，将帅应如何处事呢？

他对“将军之事”作了归纳。镇静以求深思，严正而有条理；保守军事机密；行动经常变化，计谋不断更新；不断变换驻地，进军以迂为直；焚舟破釜，投之于险；能屈能伸，把握人员心理；假装顺从敌人的意图，集中兵力于一方；长驱千里杀其将领；等待战机，乘虚而入，夺取要地；行动始如处女，后如脱兔等。他把进入“九地”的机变，自如地利用变化的情况以及士卒的心理把握三个方面，再一次提到将帅的“不可不察”的高度。

在阐述“将军之事”过程中，他深入思考了两个问题：一个是具体地阐述“为客之道”，即进入“九地”后的应对之策。另一个是阐述如何造就一支“霸王之兵”。造就“霸王之兵”是他的愿望，又是他讲兵法的最终目的，这层意思实际上是对全篇归纳和总结。

上述分析可清楚地看出，作者的思维是围绕着“为客之道”——“将军之事”两条主线来回流动的。说来说去，阐述了六层意思。一为何叫“九地”？二为用兵的指挥艺术；三为“为客之道”，即进入敌国后的用兵规律、原则；四为“将军之事”，即将帅的处事和责任；五为进入敌国后的具体应对之策。六是“霸王之兵”，对全篇作归纳总结。这样分析，有助于理解全篇。

文章中，作者用了不少篇幅阐述“陷之死地然后生”的观点。“陷之死地然后生”虽然符合辩证法，但在战场上，指挥员实在是不得已而为之。强调把部队、士卒投放到死地去，激发他们的斗志，以求得生存，与作者提倡的“仁爱”、“爱兵”的观点自相矛盾。作者如此强调这一观点，值得商榷。本篇中的“将军之事”一段，文字优美，言简意深，值得一读。

小结：本篇从讲地形到强调“将军之事”“不可不察”。纵观全书，提到“不可不察”之处有五，一处是在开篇提出的战争事关重大的时候；二处是在《九变篇》讲“五危”将帅的性格的时候；三、四处是《地形篇》讲“六形”、“六败”，强调将帅责任的时候；本篇讲“将军之事”是第五处提到。除了第一处是指战争关系大局之外，其他四处都是讲将帅的。可见，孙武对将帅的问题是何等的重视。讲将帅，完全照应了首篇。《孙子兵法》明为讲兵法，实为讲将帅之道。

第十二篇　火攻篇

前 11 篇，孙武从探讨战争基本规律和原则的谋略说起，通过研究临战阶段的谋略，两军进入对垒时刻的谋略，作战过程的谋略，进入纵深阶段的谋略，已经比较系统完整地阐述了战争的兵法、谋略。本书的后两篇，进入探讨战争中两个特殊谋略谋划。先说火攻篇谋略。

就题思义，就是讲火攻问题。

本篇三个层次：一是介绍火攻的对象和实施火攻的条件；二是如何实施火攻，也就是火攻谋略的运作；三是理直气壮的阐述作者的战争观。

作者的思路并不复杂。

开头直叙火攻的对象和实施火攻的条件。对象有五：火人、火积、火辎、火库、火队。条件是：有内应，有器材，拣天时、挑日子，即干燥的季节，起风的日子。

接着，介绍火攻的运作。凡火攻，都要变化使用，需要兵力配合。从敌人内部放火，派兵从外部策应；外面放火，不用内应，适时就行。还论述火攻、水攻的辅助作用。

最后，作者坦率地表述了自己的战争观。尤其是没有利不行动，打不胜不用兵，不危急不作战；对国家有利的才行动，不利的就停止；“亡国不可复存，死者不可复生”等论述，表述了作者慎战的观点。他告诫国君和将帅对此要慎重、警惕，因为这是稳定国家，保存军队的关键。

凡是文章，不管承认不承认，都反映了作者一定的思想感情。不同的是有的是直接抒发的，有的是间接流露。《孙子兵法》十三篇，篇篇没有离开战争，作者的态度如何？可以说，全书都比较隐晦，惟有此段文字，是直抒胸臆的。

文章的结构也简单。三个层次中，前两个层次彼此间属递进关系，与第三层次之间属因果关系。作者的战争观，虽然没有讲火攻问题，却指导和影响着火攻的实施。

第十三篇　用间篇

再说用间篇谋略。本篇明显说的是使用间谍问题。

本篇同样三个层次：一是强调用间的重要；二是介绍用间的种类和用间在战争中的地位；三是着重指出五间之事，必在于反间，即使用反间计。

作者的思路如下：

本篇的开头，有点阐释上篇的结尾，兴师动众，劳民伤财，为的是一朝的胜利，要慎之又慎。以此，提出用间的问题。他把不懂得重用间谍，了解敌情与将帅、国君、主帅联系起来，指出：开明的国君、贤良的将帅，总是事先了解情况，不祈求鬼神，不以星辰验证，而是从知道敌情的人的口中获得，就是从间谍口中获取。

指出间谍有“因间”、“内间”、“反间”、“死间”、“生间”五种，并一一给予解释。

指出间谍的地位。在军队人事中，间谍最亲，奖赏最高，工作最秘密。只有高智商者、仁慈慷慨者、善于用心计者，才会使用间谍，获得情报。战争，“无所不用间也”。泄密与为间者，都要处死。

接着，强调重视使用反间计。收买敌方间谍，厚待他们。这样，因间、内间就为我所用，死间为我传递假情报，生间准时为我送情报。用间，关键在于使用反间计。

最后，以伊挚、吕牙为例，说明使用间谍，一定能有建树。指出这是用兵重要一着，整个军队依靠它来决定行动。

本文的结构布局大众化。例如阐述干某件事，先交待干这事的意义、重要性，接着交待什么一回事，以及这事的地位作用，最后从抓关键入手，才能干好这事。很明显，本文阐述了三层意思，一层比一层深入，像剥笋般往纵深进展，直至回答和解决问题，凸现实质。这种阐述问题的布局，是以递进关系的方式来安排结构布局的。

春秋时期，用间的谋略并不多。随着社会的发展，用间已深入到社会的各个领域，已经上升到战略的位置，“无所不用间”。尤其战争的用间，往往成为决定战争胜败的关键。孙武以战略家的眼光，前瞻性提出用间问题，实在难得。

小结：由于作者所处时代的局限，这两方面的经验欠缺，谋略研究缺乏深度，属于提示式的。但文章思路清晰，结构简洁，容易弄明白。作者坦率地表述了自己的战争观，以及反间计的使用，在军事上都是可取的。

孙子兵法井田阵阵图、诠释

第一阵　作品与作者

孙子兵法井田阵

中国广州

金汉字演兵场工作室

邓斌　邓飞　范信琼

《孙子兵法井田阵》作品，是中华兵学文化的传承和创新。其诞生不是偶然的。

三位作者都以研究汉字文化见长，善于开拓创造，又各怀绝技。

邓斌、邓飞兄弟二人，十多年孜孜不倦地对汉字布阵潜心探索，硕果累累。他们推出的《汉字方圆》、《成语方圆》、《成语连环八百阵》，先后创造了三项世界吉尼斯纪录并荣获国际首届龙文化金奖一等奖。此后，《汉字乾坤邓氏布阵》、《唐诗布阵》等又宣告问世。对此，国内外众多新闻媒体给予了报道。

上述的研究和实践表明，汉字布阵这个领域，是大有作为的。那么，传统的中华民族文化精粹，军事韬略文化方面的三十六计、孙子兵法等，能不能用形象生动、简洁明了的布阵形式，一目了然地展现在世人眼前呢？这是一个前无先例、值得探索研究的新课题，是一块未开垦的处女地。经验告诉他们，必须寻找一个展示新课题内涵的平台。

在尘封的一个远古战例中，给他们很大的启迪，激发起创作的灵感与欲望。

相传远古时代，黄帝与蚩尤在今河北涿鹿县大决战，按井田作八阵法。即以天、地、风、云为正门，龙、虎、鸟、蛇为奇门，乾、坤、艮、巽为闭门，坎、离、震、兑为开门。大将居中指挥，八部旋绕听从号令。若正北受敌，则东北、西北两翼支援；正南受敌，东南、西南两翼支援；其他亦如此。黄帝用井田八阵法大胜蚩尤，从此确立了在中原的统治地位，成为中华民族的祖先。对此，古书《明实录》评价道："稽古阵法，莫过于黄帝破蚩尤之阵。"

井田阵在我国古代战争中的地位，是我国历史最早记载第一个有关黄帝的实战阵法，后来的八卦阵、长蛇阵等，其实都是从井田阵演变而来的。相传于殷周时代的井田制，同样赋予"井田"二字以传奇色彩。"井田"的特殊结构形式，如雄壮威严的战阵，又如坚不可摧的城堡，是天赋的兵学布阵极佳图形。于是，这个井田阵平台在脑子里一次又一次闪念，不断沉积，精彩定格。

他们以三十六计为突破口，执着地开始了新一轮的设计、实验、攻关。

成功属于敢于追求、勇于探索、实现梦想的人。《三十六计井田阵》首战告捷。接着，他们又全力以赴投入，殚精竭虑，终于完成了《孙子兵法井田阵》，即孙子兵法四十八个阵谱。

另一位作者范信琼，是军人、高级记者出身，在写作方面颇有造诣，对军事理论的研究，有自己的优势。他全情投入，在博览众多军事方面的书籍，研究毛泽东军事思想和我军军史的基础上，对《孙子兵法》进行了比较深入的研究，概括归纳了其思想体系和网络系统，与邓斌、邓飞兄弟二人一起，鼎立合作，对《孙子兵法井田阵》阵图反复修改、锤炼，并以通俗的文字对阵图给予简明扼要的诠释，使这部旷世之作内容更加充实、丰满、完美、扎实。

下面，让我们徐徐展开《孙子兵法井田阵》阵图，点点滴滴地领略孙子兵法深邃的韵味。

第一篇 计 篇

孙子曰：兵者，国之大事，死生之地，存亡之道，不可不察也。

故经之以五，校之以计，而索其情：一曰道，二曰天，三曰地，四曰将，五曰法。道者，令民与上同意者也，可与之死，可与之生，民弗诡也。天者，阴阳、寒暑、时制也。地者，高下、远近、险易、广狭、死生也。将者，智、信、仁、勇、严也。法者，曲制、官道、主用也。凡此五者，将莫不闻，知之者胜，不知者不胜。故校之以计，而索其情。曰：主孰有道？将孰有能？天地孰得？法令孰行？兵众孰强？士卒孰练？赏罚孰明？吾以此知胜负矣。

将听吾计，用之必胜，留之；将不听吾计，用之必败，去之。

计利以听，乃为之势，以佐其外。势者，因利而制权也。

兵者，诡道也。故能而示之不能，用而示之不用，近而示之远，远而示之近。利而诱之，乱而取之，实而备之，强而避之，怒而挠之，卑而骄之，佚而劳之，亲而离之。攻其无备，出其不意。此兵家之胜，不可先传也。

夫未战而庙算胜者，得算多也；未战而庙算不胜者，得算少也。多算胜，少算不胜，而况无算乎！吾以此观之，胜负见矣。

《计篇》是《孙子兵法》的开篇，也是全书的概述篇，阐述的是战争的基本思想和基本原则。基本内容大致分为四个方面：一是战争的重要性；二是战争决策的主客观条件；三是原则性和灵活性相结合的用兵法则；四是战前必须注重谋算。

本篇设计了五个阵图。

第二阵　“兵　者”

——《计篇》一阵图

兵　者

兵者，国之大事，死生之地，存亡之道，不可不察。

兵法开宗明义："兵者，国之大事，死生之地，存亡之道，不可不察也。"对任何一个国家，任何一个统治者来说，战争关系到国计民生、生死存亡，不能马虎草率，必须认真考究和谋划。孙子兵法不是单纯地讲如何打仗，而是把战争与国家、民族和人民利益结合起来。这种从国家、全局和整体利益的高度进行探讨，慎重地对待战争的科学态度，显示了孙武与众不同的战争观。

兵者，泛指士兵、军队、战争、打仗或武器。众所周知，军队是国家政权的支柱，战争是政治的继续，在这个意义上说，政治是不流血的战争，自古以来没有不带政治性的战争，枪杆子里面出政权，夺取政权要靠枪杆子，维护政权和领土完整要靠枪杆子，巩固政权也离不开枪杆子。战争之重要，不容置疑。纵观古今中外战争史，要赢得战争，就要懂得政治，懂得军事，研究战争的规律，讲究谋略。要打胜仗，就要懂得谋划，懂得用兵，懂得进攻防御，应付自如。否则，只会导致失败。

在战争问题上，在军队建立问题上，毛泽东强调，我们的军队就是党指挥枪，而不是枪指挥党。

1927年，毛泽东领导的秋收起义受挫后，向井冈山转移，部队中出现大批开小差的现象。针对这种情况，毛泽东认为，革命者要把武装掌握在自己手中，就必须改造中国近代军事史上的雇佣军传统和制度，必须有一个坚强的组织作为核心。当时的秋收起义部队，一个团才有一个党支部。在三湾，他对起义部队进行了改编，把支部建在连上。这样，就从组织上确立了中国共产党对军队的领导制度。他在总结这一段时期的斗争经验时说："红军所以艰难奋战而不溃散，'支部建在连上'是一个重要原因。"

1935年6月，毛泽东率领红一方面军在四川西部懋功地区与张国焘率领的红四方面军会合。张国焘看到中央红军仅有2万多人，而且是疲惫之师。于是，自恃人众枪多，公然向党伸手要权，夺取党权。他要担任军委主席并要"独断决行"，要把朱德改任前敌总指挥，周恩来改任参谋长。最后，发展到另立中央，差点儿酿成红军自相残杀的局面。这是枪指挥党深刻的历史教训。

毛泽东在总结这场斗争的经验教训时，深刻指出："共产党是不争个人兵权（决不能争，再也不要学张国焘），但要争党的兵权，要争人民的兵权。""我们的原则是党指挥枪，而决不容许枪指挥党。”毛泽东还提出了党对军队领导的一系列根本原则和制度，从而保证军队任何时候都置于党的绝对领导之下，成为一支真正的人民军队，完成了党和人民赋予的夺取政权、巩固政权任务。

兵者，如此重要，作为统治者，没有哪一个不给予高度的重视。战争从开始到结束，有一个复杂的过程。那么，决策阶段需要把握哪些原则呢？请看下一阵图。

第三阵　“经之以五，校之以计”

——《计篇》二阵图

经之以五，校之以计

经之以五，校之以计。道、天、地、将、法。知之者胜，不知者不胜。

主孰有道？将孰有能？天地孰得？法令孰行？兵众孰强？士卒孰练？赏罚孰明？

孙武的思维是非常缜密的。战争谋划和决策阶段，他提出需要把握三条基本原则。第一，必须重视分析战争的主客观条件。也就是说，主客观条件具备了，打仗的胜率才高，否则，没必要开战。如何去分析？要以“五事”为纲、为原则，以“七计”为调整和衡量的具体标准。

所谓“五事”，指道、天、地、将、法。通俗地说，指人和、天时、地利、将帅、法度。就是说，在用兵之前要从上述五个方面来分析研究战争胜负态势。是不是万众一心，同仇敌忾，众志成城？是不是气候条件适宜开战？是不是地理环境有利于我军？是不是军队将帅具备智慧与才干、信心与诚信、爱抚下属，勇敢果断和军纪严明？军队是不是具有严格的组织纪律和法度？这五个方面，是判断战争能否取得胜利的主客观条件和基本因素。凡了解的就能胜利，不了解的不能胜利。

所谓“七计”,指的是“主孰有道？将孰有能？天地孰得？法令孰行？兵众孰强？士卒熟练？赏罚孰明？”即把敌我双方的情况加以比较，看哪一方政治清明，方针政策正确？哪一方将领有才干？哪一方占得天时地利？哪一方法令、法规能够贯彻执行？哪一方军队强大？哪一方士兵训练有素？哪一方军队赏罚公正严明？“七计”是“五事”的具体运用。

重视从“五事”进行分析，从“七计”方面去比较、判断，战争谁胜谁负的大体结局基本能够预知。上述思想表明，战争胜负的分析、判断，应建立在对双方客观物质条件分析的基础上。这种朴素的唯物战争观，有着普遍的指导意义。毛泽东在《论持久战》中,对抗日战争为什么是持久战？最后胜利为什么是中国的？持久战如何进行？采取什么样的战略战术等的透彻分析，就是“五事”、“七计”谋略的生动体现。

毛泽东指出，抗日战争是半殖民地半封建的中国与日本帝国主义在20世纪30年代进行的一场决死的战争。这是全部问题的根据和出发点。

他是这样对比分析的：在这场战争中，日本是一个强大的帝国主义国家，军力、经济力和政治组织力在东方是一等的。但是由于经济、战争的帝国主义性质，它的战争是退步的、野蛮的、非正义的。日本国度小，其人力、军力、财力、物力应付不了长期的战争，在国际上也失道寡助。而中国，是一个半殖民地半封建的国家，当时军力、经济力和政治组织力都不如敌人。但是，那时的中国，有了比任何一个历史时期更为进步因素的代表，这就是有了我党及我党领导下的军队。抗日战争是进步的、正义的，能唤起全国国民的团结、日本国民的同情、得到世界多数国家的支持。我国地大、物博、人多、兵多，能够支持长期的战争。而且，我们得道多助，能够得到国际的广泛援助。由此对比，日本军力、经济力和政治组织力强大，我们处于劣势，决定了抗日战争我们不会亡国，但又不能速决，只能是持久战。由于日本发动的这场战争性质是退步的、野蛮的，人力物力不充足，在国际上处于不利的位置。我们的抗日战争是进步的和正义的，我们正处于进步的时代，又有大国这个条件足以支持持久战，而且世界多数国家支持中国。因此，抗日战争必然以我们胜利，日本必然失败而告终。上述像“五事”方面的透彻分析，何等科学、精确！

在“七计”方面，毛泽东把持久战分为三个阶段，而且对具体的每一阶段作了阐述，规定了每一阶段的作战形式。第一阶段为敌之战略进攻，我之战略防御阶段。采取的战争形式主要是运动战，而以游击战和阵地战作辅助。第二阶段为战略相持阶段。采取的作战形式主要是游击战，而以运动战辅助之。第三阶段是收复失地的反攻阶段，主要的战争形式是运动战，阵地战将提到重要地位。毛泽东还指出中国人民取得抗日战争的胜利的三个条件，一是中国抗日统一战线的完成，二是国际统一战线的完成，三是日本国内人民和日本殖民地人民革命运动的兴起。其中，中国人民的大联合是主要的。

抗日战争完全按照毛泽东的设想方向发展。中国从劣势到平衡到优势，日本从优势到平衡到劣势；中国由防御到相持到反攻，日本由进攻到保守到退却。抗日战争的胜利，完全实践了毛泽东的伟大战略思想。

作为军事家的孙武，他懂得方针、原则应随着不同战争变化而变化，任何兵法都不可能一成不变，而应当与时俱进。于是，他又提出了“因利制权”的原则。具体阐述在下阵图交代。

第四阵 “因利而制权”

——《计篇》三阵图

因利而制权

计利以听，乃为之势，以佐其外。势者，因利而制权。

“因利制权”的原则，是战争谋划和决策的第二条原则。利，指利益、有利。利与害是对立的统一，用兵者，必须知晓对我方有利和有害的东西，才能最大限度调动士兵的积极性，化消极因素为积极因素。权，原指秤锤。由于秤锤随着物体轻重而摆动，引申为灵活机动的意思。“因利制权”，用通俗的话来说，就是根据实际情况决定工作方针。用于战争，就是根据战争的实际情况，决定采取的战略战术、方针原则。要根据对我方有利的形势去谋划，创造有利的条件，避开不利的因素，争取主动。这一原则是孙子兵法的精髓和核心，贯穿于全书十三篇中，占有举足轻重的地位。“因利制权”，充分体现了兵法的原则性和灵活性相结合的辩证思想。

“因利制权”的谋略，孙武强调两层意思，第一层意思是强调即使正确的计策定下来了，被采纳了，还要深入分析、营造有利的形势，为进一步决策作参考。就“七计”来说，仅仅是估计战争胜负的主要依据，一种判断、一种预测，难免有片面和错误之处。由于战争形势错综复杂，作为军事家、指挥员，都要以现实的利害为依据，警惕犯经验主义的错误，不被假象或表面的现象所迷惑，时刻保持清醒的头脑，冷静地分析局势。第二层意思是指战争的情况随时变化，利与弊并存，强调必须敏锐地鉴别其利弊，准确地把握有利方面，趋利避害，制订措施，决定己方的行动。这样，才能真正把住战争的脉搏，牢牢掌握战争的主动权。

抗日战争全面爆发前夕，我党中央“因利制权”，以抗日大局、民族大义为重，对国民党各派系开展抗日民族统一战线工作，尤其争取国民党将领共御敌寇。其中，争取胡宗南抗日就是一个例证。

胡宗南毕业于黄埔一期，是蒋介石的宠将、国民党中央军手握重兵的高级将领。争取到胡宗南，就可影响一大批国民党军队将领，甚至影响蒋介石与南京国民政府。当时，胡宗南正率部驻军西北，多年来与红军作战，对红军威胁最大。我党如果能与胡宗南结成统战关系，对西北内战战场及抗日大事，非常有利。周恩来在黄埔军校任政治部主任时和在东征的作战中，曾与胡宗南有过较多的交往，且并肩战斗过。胡宗南对周恩来也很尊敬与钦佩。

1936 年春，红军渡黄河进入山西东征抗击日军。奉命围堵红军的胡宗南，开始没有接受我党停止剿共、停止内战、团结一致、投入抗日斗争的劝告，继续率部入陕，追堵红军。9月1日，周恩来亲笔写了一封密信给胡宗南，内容大致如下：

宗南同学：

黄埔分手后，不想竟成敌对。10年来，兄以剿共成名，私心则以兄尚未成为民族英雄为撼。

日寇侵绥，已向西北迈进，其航空总站设于定远营，航空线竟遍布陕、甘、青、宁省，兄素有志西北，试想今日之西北，岂能再容退让，亦岂能再操同室之戈？敝方为保卫西北、保卫华北起见，已集合全国主力红军于陕、甘、青、宁，并向贵党呼吁，立停止内战，共谋抗敌。顷更致公函送于贵党中央，表示我们抗日救国方针及愿与贵党重谋合作之诚意。兄在黄埔为先进，亦与蒋先生所最信赖之人，果能立排浮议，立停内战，则颂之者将遍于国人。

恩来

九月一日

这封充满民族大义、师生之情的信件，胡宗南深受感动。据说，他一直将周恩来这封信秘密珍藏在身边。尤其对信中所说的“兄以剿共成名，私心则以兄尚未成为民族英雄为撼”这句话尤为感慨。10月18日，毛泽东又以红四方面军总指挥、同是黄埔军校一期生徐向前的名义，给胡宗南写信，晓以民族大义。

毛泽东、周恩来从全民族利益出发，从抗日大局出发，规劝胡宗南。这两封信对胡宗南触动很大。后来，他用自己的行动作了表示。西安事变时，他率第一军驻守西北，力主和平解决。抗战开始后，他率部血战淞沪，转战无锡、南京，在豫东围歼日寇土肥原师团，在信阳抗击来犯的日军。整个抗日期间，他始终坚持抗战，终于在他一生中留下了光彩的一页。

“因利制权”的谋略在实战中的具体体现，就是灵活机动的战略战术。这种灵活机动的战略战术是什么呢？请看下一阵图。

第五阵　“兵者，诡道也”

——《计篇》四阵图

兵者，诡道也

兵者，诡道也。能而示之不能，用而示之不用，近而示之远，远而示之近。

利而诱之，乱而取之，实而备之，强而避之，怒而挠之，卑而骄之，佚而劳之，亲而离之。攻其无备，出其不意。

孙武首先指出，用兵作战，是一种诡道之术。“诡”、“诈”、“奸”三者不同。一是处于位置不同。“诡”趋于暗，“诈”趋于明，“奸”，藏于内心；二是表现不同。“诡”与“诈”，重在外形与行动，“奸”为不露声色；三是目的不同。“诡”旨在获利，“诈”旨在骗，使人上当，“奸”旨在害人。所谓“诡道”，就是指为了实现战略目的，采取诡秘的军事行动或战略部署。

接着，他提出了用兵的四种“示形”方法和“八之”战法。

四种“示形”：明明能打的，却装作不能打；明明能出兵，却装作无需出兵；明明要打近处之敌，却装作打远处之敌；明明打远处之敌，却装作打近处之敌。四种“示形”方法可概括为“声东击西”、“调虎离山”等，用军事术语说，是用佯动迷惑敌人，隐蔽自己的战略意图。“示形”的目的在于等待时机，争取时间，充实自己，出奇制胜。

“八之”战法：即敌人贪利时，用小利引诱；敌人混乱时（或想办法给敌人制造混乱），趁机攻取他；敌人实力雄厚时，做好应战准备；敌人战斗力强时，暂时避开他们的锋芒；敌人冲动发怒时，要设法挑逗、激怒，使其丧失理智；敌人轻视我方时，要助长其骄傲；敌人休整好时，设法让他们疲劳；敌人内部团结时，设法离间他们。“八之”战法的目的，在于变被动为主动。实施“八之”战法，要讲条件，讲对象，讲时机。条件具备，对象适宜，时机成熟，战之能收到最佳的效果。

最后，孙武总结了自己的用兵规律，“示形”方法也好，“八之”战法也好，归根结底就是为了“攻其无备，出其不意”。如果说，“五事七计”、“因利制权”是决策的方针原则，“攻其无备，出其不意”则是作战的方针原则。这些都是孙子兵法的精髓，军事家取胜之道。孙武认为，这些方针原则都不是一成不变的，都应因时因地因人制宜，随机应变，没有先人留下来的固定程式，在战争中也不能随便泄漏。

孙武的作战方针谋略，符合战争客观规律，具有普遍的指导意义，为后世兵家所推崇，在战争中广泛运用，成功的事例比比皆是。

毛泽东作为杰出的军事家，他的军事谋略是举世瞩目的。其中，闻名中外的“四渡赤水”，是他的“得意之笔”，充分体现了“诡道”之术，谱写了中国军事史乃至世界军事史上卓越的一页。

1935年遵义会议后，按原来打算，毛泽东率领中央红军北渡长江，进至川西北，与红四方面军会合。这时，蒋介石纠集了嫡系黔军、滇军，以及四川、湖南、广西军队共19个师16个旅40万兵力，围追堵截，企图把中央红军歼灭于乌江西北的川黔滇边境。

敌众我寡，形势险恶，红军能否跳出国民党军队的包围圈，关系到中国革命的生死存亡。在这关键时刻，毛泽东审时度势，高瞻远瞩，果断决策，声东击西，避实就虚，躲开敌人锋芒，一次又一次调动敌人，乘隙脱离险境。

1月19日，3万多红军从遵义出发，挥师北上，向川黔边境的赤水方向前进。1月29日，红军一渡赤水，伺机渡江。蒋介石急忙调集重兵，有追截的，有在长江两岸布防的，有从东南、西南方向紧逼的，再次对红军形成大包围。毛泽东分析了当时的敌情，决定暂缓过江，率红军西进敌人设防空虚的云南扎西一带。此举，一下子把敌人甩到后面，成功地突破了敌人的重围。

蒋介石发觉后，派兵追赶。2月9日，毛泽东在扎西召开会议，果断地提出“回师东进，再渡赤水，重占遵义”的战略方针，杀个“回马枪”。2月18日至21日，红军二渡赤水。28日，攻占娄山关，再克遵义。这一着，出敌不意，歼灭王家烈8个团，俘敌3000多人，缴枪2000多支，子弹10万多发，取得了长征以来最大一次胜利。这是红军在处境十分艰难的情况下取得的胜利，极大地鼓舞了全军的士气，获得了物资补充，打击了蒋介石的嚣张气焰。蒋介石称此为“国军追击以来之奇耻大辱”。

蒋介石尾追失败，恼羞成怒，调整部署，改用堡垒主义和重点进攻相结合的战法，南北夹击，妄图围歼红军于遵义地区。毛泽东故意让部队在遵义地区徘徊寻敌，诱惑更多的敌人。蒋介石果然上当。正当敌人大军云集遵义周围之时，3月6日，毛泽东率领红军从遵义西进，三渡赤水，再向川南挺进，佯作北渡长江姿态。

蒋介石在遵义扑了空，以为红军真的要北渡长江，急令部队在滇黔川边境修筑工事，构筑封锁线，设置包围圈，妄图在长江以南围歼红军。毛泽东以一个团伪装主力，虚张声势，诱敌向西。同年3月21、22日，红军主力则突然折向东北，四渡赤水，又进遵义地区。这一次，又把敌人的主力全部抛到了后面。

4 月初，红军主力强渡乌江，直逼当时敌人仅有 4 个团兵力的贵阳。这下吓坏了在贵阳督战的蒋介石。他一面急令部队火速前来保驾，一面准备飞机、轿子，准备逃跑。乘滇军东调增援贵阳之机，毛泽东带领红军迅速进军云南。蒋介石以为红军要进攻昆明，亲自赶到昆明督战。其实，毛泽东只是虚晃一枪，目的是为了进一步调动和迷惑敌人。5 月初，红军突然转向西北方，经过七天七夜，三万红军安然渡过长江，实现了预期的战略目标。

“四渡赤水”之战，粉碎了蒋介石一次又一次合围的阴谋，敌人被红军牵着鼻子走，蒙头转向，团团转。而且，红军避实击虚，赢得了主动，保存了革命力量，取得了战略转移中具有决定意义的伟大胜利。

“四渡赤水”之战，用兵“诡道”的“示形”、“八之”体现得淋漓尽致，毛主席用兵真如神！“四渡赤水”的胜利，是毛泽东天才的军事指挥的结果，同时也是中共中央和中央革命军事委员会集体决策的结晶。

深谋远虑的军事家孙武还非常重视大本营的决策和战前谋算，请看下一阵图。

第六阵　“庙算胜者”

——《计篇》五阵图

庙算胜者

庙算胜者，胜者得算多；不胜者，得算少。多算胜，少算不胜。以此观之，胜负见。

“庙算胜者”是孙武提出的第三条重要的谋划原则。“庙算”，指古时兴师打仗前，统帅在庙堂上谋划和预计战争胜负。战前谋划越充分，越周密，越精细，战争取胜的机会就越会多一些；相反，谋划不足，计算不够周详，取胜的可能性就少，更不说那些根本不进行谋算的了。从战前谋算的深广度比较中，便可以预知战争胜负的结局。

“庙算胜者”谋略告诉各级指挥员，千万不可忽视战前预测和决策。因为对战场形势分析得越细致、越透彻，决策就会越到位，克敌制胜的部署就会更缜密。它不仅坚定上级指挥机关决胜千里的决心，还直接用于指导战争，左右战争的胜利。现代战争，无论从地域到空间都扩展了，信息科技在战争中起到了关键性的作用，而且战场的形势千变万化，因此，“庙算”更显得重要。

“庙算”已成为古今中外战争的规范，没有进行“庙算”的战争几乎是不存在的，只不过“庙算”达到的程度不一而已。毫无疑义，我军是非常重视“庙算胜者”的。

辽沈决战之前，东北这一场仗究竟怎样打？是先打长春、沈阳，还是锦州？毛泽东与林彪的意见完全不一样。

毛泽东以伟大的战略家的眼光，从我军战略利益考虑，认为先打锦州，等于关闭了东北大门，切断东北敌人与关内联系，有利于把东北的国民党军队各个歼灭。林彪在执行这一决策过程中，犹豫不决。原因是蒋介石在锦州附近的葫芦岛增加了兵力，担心打锦州会陷入沈阳和锦西两面援兵的夹击。他认为，长春之敌为我军久困，兵力薄弱，容易取胜；蒋介石在锦州布置重兵，不易攻克。

这时，蒋介石的战略作了调整，从“全面防御”调整为“撤退东北，巩固华北，确保华中”的“重点防御”。当时的情况非常紧急。如果按照林彪先打长春的计划，等于把东北的国民党军队赶到关内，与蒋介石的战略调整相一致。而且，一旦让这50万国民党军队进了关，华北作战的我军，压力加大了，其后果不堪设想。

毛泽东严厉批评林彪的举棋不定，优柔寡断，再一次向林彪分析利弊。他指出，一是锦州的敌人虽然比长春多，但锦州至山海关南线各点的敌军孤立分散，加上我华北解放军的牵制，堵住来自这方面的援军不难。二是北线作战，有利于吸引长春、沈阳之敌，便于我军对两地的援兵各个歼灭。三是打锦州，可以分割东北和华北的敌军的力量，关上东北大门，整个东北战场就形成了关门打狗、瓮中捉鳖之势，蒋介石在东北的军队必将大势已去。

战事按照毛泽东的"庙算胜者"方向发展。

毛泽东的雄才大略，人所不能及。1948 年 10 月，我军成功地攻克锦州，为辽沈战役的胜利奠定了重要的基础。打锦州，成为"庙算胜者"一个出色的范例。

至此，回过头来看《计篇》，孙武从强调战争重要性开始，强调战前的形势分析和懂得如何分析，强调要根据战争实际情况决策，强调重视战前指挥部的谋划等。这些，都是关于战前谋划和决策之事。那么，用于具体作战，需要遵循哪些原则呢？这是第二篇《作战篇》所交代的。

第二篇 作战篇

孙子曰：凡用兵之法，驰车千驷，革车千乘，带甲十万，千里馈粮，则内外之费，宾客之用，胶漆之材，车甲之奉，日费千金，然后十万之师举矣。其用战也贵胜，久则钝兵挫锐，攻城则力屈，久暴师则国用不足。夫钝兵挫锐、屈力殚货，则诸侯乘其弊而起。虽有智者，不能善其后矣。故兵闻拙速，未睹巧之久也。夫兵久而国利者，未之有也。故不尽知用兵之害者，则不能尽知用兵之利也。

善用兵者，役不再籍，粮不三载；取用于国，因粮于敌，故军食可足也。

国之贫于师者远输，远输则百姓贫。近师者贵卖，贵卖则百姓财竭，财竭则急于丘役。力屈、财殚，中原内虚于家。百姓之费，十去其七；公家之费：破车罢马，甲胄矢弩，戟盾蔽橹，丘牛大车，十去其六。

故智将务食于敌，食敌一钟，当吾二十钟；萁秆一石，当吾二十石。

故杀敌者，怒也；取敌之利者，货也。故车战，得车十乘已上，赏其先得者，而更其旌旗，车杂而乘之，卒善而养之，是谓胜敌而益强。

故兵贵胜，不贵久。

故知兵之将，民之司命，国家安危之主也。

本篇是继《计篇》之后，阐述用兵打仗的具体原则，中心是“兵贵胜，不贵久”，即“兵贵神速”的原则。全篇内容大体分四部分。一是用兵要有实力作保证，二是必须速战速决，三是善于利用敌国的资源，四是褒奖将士和优待俘虏。

本篇设计三个阵图。

第七阵 “兵贵胜，不贵久”

——《作战篇》一阵图

兵贵胜，不贵久

日费千金，然后十万之师举。久则钝兵挫锐，攻城则力屈；久暴师则国用不足。则诸侯乘其弊而起。兵闻拙速。

开篇，孙武以用兵的一般规律作引子，指出“兵马未动，粮草先行”的道理。战争需要耗费大量的人力、物力、财力。古代战争的“内外之费”都要“日费千金”才能“兴师十万”，现代战争更不用说了。没有雄厚的经济实力作支柱和保证，是不可能打胜仗的。

正因为如此，孙武提出了一个重要的军事思想：打仗必须速战速决。因为战势旷日持久，士卒疲惫，失去锐气，攻打城池就会不够得力。军队长期在国外作战，就会导致国力不足，各诸侯国就会乘机入侵。不了解长期征战造成的危害，就不懂得“兵贵神速”带来的好处。孙武得出结论：宁拙而求速胜，不可求巧而久拖也。

这种“速战速决”理论，受到古今中外兵家所推崇。兵贵神速的战例多得难以胜数。1979 年初的对越自卫还击战，就是一个速战速决速撤的典型例子。

以中越边境东段来说。东段处于许世友上将指挥的广西战区，作战地域东起东兴县，西至那坡县，南至越南北部高平、谅山一线，东西长 637 公里，南北宽 50 多公里。作战地区属于亚热带山岳丛林，高山、森林、河流密布。这场仗该怎样打？

对党中央、国务院、中央军委的战略意图，许世友成竹在胸。他认为，我军的军事实力是越军无法比拟的，只要我们的战法得当，尽管在亚热带山岳丛林，高山、森林、河流野外作战，完全能够实现速战速决速撤。他时而戎装，时而便服，亲自到边境侦察，认真分析敌情，选准突破口，决定采用“牛刀杀鸡”战术，以强大、优势的兵力、武器，瞧准敌人的弱点，实施猛烈攻击，出其不意，攻其不备，打它一个措手不及，在短时间内快速全部歼灭敌人，把战场的主动权稳稳握在自己手中。

1979 年 2 月 17 日黎明，广西前线万籁俱寂。我军作战室里，许世友看了看怀表，突然放大嗓门庄严宣布：“时间到，还击开始。”

顷刻，隆隆炮声震醒了沉睡的大地。中越边境广西段呈现了我军进攻的壮烈画面：敌阵在我军猛力的炮火轰击下，烈火团团，浓烟滚滚。30 分钟后，我军的工兵在敌人的雷场上前仆后继地扫雷；紧接着，坦克吼叫着前进，后面跟着的步兵杀声震天地冲向敌群。不到3小时，战报飞传。北集团突破了莫隆防线，南集团突破了布局防线，夺取了水口大桥，东集团突破了同登防线。

我军成合围态势后，许世友命令北集团以高平为目标，攻击前进。各部队以泰山压顶之势，风卷残云之威，猛攻高平。驻守高平的越军346师怕遭我军歼灭，狡猾地由原来的“边界固守，一线取胜”的战术，改变为利用复杂地形，化整为零，化军为“民”，分散潜藏，与我周旋。如固守长白山和朔江的越军246团，弃朔江，分散上山，以分布的34个石洞和暗堡顽抗。许世友准确判断，命令部队“敌变我变，改变战法”，拉网清剿。我孟麻旅派了两个连队利用夜间，占领长白山的制高点，掩护主力拉网清剿，然后由上往下打。经过两天一夜清剿，全歼了该团和地方武装、公安、民军等。

打高平的北线捷报频传，南线攻打谅山的战斗也进入白热化。

谅山是越南一个省会。城市虽小，据点又大又多，暗堡星罗棋布。该市以奇穷河为界，河北是新市区，河南为老市区。按战前计划，我军打到北市区便撤军。我军占领北市区，攻下了省府大楼时，越南方面还死撑面子，不肯认输，对外宣传硬说中国军队在谅山碰得头破血流，谅山坚如钢铁，永不可摧。这时，中央军委下达了“争取自卫还击战的更大胜利”的急电，急电正合符许世友的心意。他拍着桌子下令道：“传我的命令，打过奇穷河，一鼓作气，攻下整个谅山市。”

3月4日6时50分，东集团宁明步兵旅两个梯队在炮火、坦克掩护下，组成了7个突击队，以摧枯拉朽之气概，跨过奇穷河，瞬间拿下了南市区。

我军过了奇穷河，原本十分嚣张的越军惊恐万状了，急令指挥所后撤，在河内市街道抢挖工事，还通知各国外交使团转移，河内市一片混乱。

3月5日，新华社奉命发表了撤军声明，对越自卫还击战仅仅28天就宣告结束，出乎世人预料。

许世友指挥中越边界东段的部队，速战速决地战高平，攻同登，克谅山，直接威逼河内。3月6日，又指挥部队向国内撤军。

早在“文革”中，许世友就曾向毛泽东提出：“如果有仗打，我还想打一仗，然后就休息。”对越自卫还击战，当年的许世友，已 74 岁高龄，他成了我军历史上亲临前线指挥的年龄最大的将军，也是他最后的一仗。

军队在外面打仗，如何补足给养？孙武在《作战篇》中提出了另外一个重要的军事思想，这就是“因粮于敌”。因粮于敌是什么一回事？请看本篇二阵图。

第八阵　“取用于国，因粮于敌”

——《作战篇》二阵图

取用于国，因粮于敌

役不再籍，粮不三载；取用于国，因粮于敌。

国之贫于师者远输，远输则百姓贫。

智将务食于敌，食敌一钟，当吾二十钟；萁秆一石，当吾二十石。

孙武说，善于用兵的人，不再征兵，不再多次向前方运送粮草。军需武器由国内提供，粮草则在当地征集。这样，部队的粮食问题就解决了。孙武继续说，国家一味追求出国远征打仗，后方供应线过长，就会导致劳民伤财的恶性循环。因为远道运输需要消耗大量的人力、财力，国家负担重了，国库亏空，物价就会飞涨。为了充实国库，便急于增加赋役，如此循环，最后导致“中原内虚于家”。他作了远道运输造成的危害统计：用于诸如更换车马、增添兵器等，百姓财产耗去十分之七，国库损失十分之六。从而说明“国之贫于师者远输，远输则百姓贫”的道理。

因此，解决粮草的最好办法是“因粮于敌”。对此，孙武还作了 1：20 的效益数量计算，即食敌国的粮食一钟，可节省 20 钟的运费；取用敌国的豆秆一石，可节省 20 石豆秆的运费。所以，聪明的将帅务求这样做。“因粮于敌”，是达到“军食可足”的基本方法。

“取用于国，因粮于敌”，是一个重要的作战补给原则，实质是解决军队作战的给养补充问题。粮食是这样，枪支弹药也是这样。

过去常说，我们的军队依靠“小米加步枪”，打败美式飞机大炮武装的国民党军队。真正打起仗来，武器是不容忽视的条件。1948 年 3 月，华北兵团打临汾，那时我军还没有重炮，靠挖地道炸城墙的方法，费时 72 天，才拿下。同年 9 月，济南战役，我军有了重炮，而且重炮齐发，坚固的济南城仅仅 3 天就被攻克。10 月的辽沈战役中，东北野战军集中 500 多门重炮，猛轰国民党军事重镇锦州，这次城市攻坚仅用了 30 个小时。人民解放军所以能赢得辽沈、平津、淮海三大战役的辉煌胜利，并解放全中国，与在东北解放区建立相当规模的军事工业体系有着密切的关系。

国民党军队的失败，有人以日军投降后，“苏军把武器秘密留给共军”作借口。确实，四野曾向中央建议，但毛主席当即电令：“中国革命主要靠中国自己的力量，禁止用中央的名义向苏军要东西。”解放军从“小米加步枪”转变为拥有强大炮兵，具备大规模野战和攻坚能力，不仅“因粮于敌”，在战场上缴获国民党军队的武器补充自己，主要还是靠创办自己的军事工业。抗战时期，在山东根据地牙山，八路军建起了自己的军工厂。

解放战争初期，军工业大有发展，通过没收敌伪工厂，建起了一批军工厂。华东军区在鲁南和胶东的军工厂，月生产子弹已达16万发，迫击炮、山炮弹13000发，无烟火药3000斤。

1947年7月10日，毛泽东在给各解放区的《一年作战总结及今后计划》指示中，特别指示林彪、罗荣恒："东北军事工业应全力接济关内。目前开始的一年内，你们必须用大力建立大规模军事工业。"四个月内，他三次电示东北局，全力加强军事工业。1946年7月底，在中朝苏3国边界的小城春晖，建起了机器厂、子弹厂、手榴弹厂、炼铁厂、装药厂、木材厂，建起了东北解放区军工基地。1947年的军工生产已初具规模。东北局还从财政专门拨款，抽调一批干部加强军工部门，召开有关会议，统一东北军工生产。从此，东北军工生产进入了大发展时期。后来，中央军委作出了在大连建设军工生产基地的决策。

春晖和大连军工基地的建立，为解放战争的胜利奠定了重要的物质基础。三大战役中，解放军的炮火发挥了巨大的威力。如淮海战役，中原野战军包围了国民党黄维兵团。黄维凭借众多的美式火炮，收缩成一个圈，用密集火力让解放军无法接近，自称是个啃不动的"硬核桃"。华东野战军调集了重炮轰击，终于敲碎了这个"硬核桃"。粟裕大将感慨地说："淮海战役的胜利，要感谢山东老乡的小推车和大连的大炮弹。"解放战争，原来决策打5年时间，实际打了3年，解放了全中国，这与我军军工业发展有关，是孙武"因粮于敌"思想创造性的实例。

军队在外面打仗，如何激励士气，削弱敌人，壮大自己呢？《作战篇》中，孙武的军事思想进一步得到发挥，要求各级将领要做"知兵之将"。对此，下一阵图作解释。

第九阵　“知兵之将”

——《作战篇》三阵图

知兵之将

赏其先得者，车杂而乘之，卒善而养之，胜敌而益强。知兵之将，民之司命，国家安危之主。

春秋时期，是一个从奴隶制度向封建制度过渡的时期。那时候，经济不发达，人民生活比较贫困，军队中的将领拥有生杀大权，作为奴隶的士兵，不过是战争的工具，命运掌握在将领的手中，根本没有地位可言，更谈不上物质上的奖励。对战争中的俘虏，基本都杀掉。这种状况的出现，是历史的悲哀。

作为军事家的孙武，他有超人的智慧，又富于仁义和理性。于是，大胆地提出了自己的构想：要奖励士兵和优抚俘虏。车战中，凡缴获战车10辆以上的，奖励优先夺得战车的士兵，更换战旗，编入自己军队中。要善待俘虏，保证他们的生活，使用他们。他强调说，只有这样，才能战胜敌人，增强军队的战斗力。他还把将帅懂得这样去用兵的重要性，提到掌握民众命运掌握、主宰国家安危的高度。换句话说，战争关系到国家和人民的生死存亡，战争的成败常常系于将帅一身。你要做民众命运的掌握者、国家安危的主宰者，就必须懂得这样的用兵方法，具有爱护士兵和优待俘虏的仁慈。

知兵之将的核心，就是懂得士兵，关心士兵，激励士兵，调动士兵的战斗积极性。1947年冬至1948年夏，我军利用战斗的间隙，普遍开展以“诉苦”和“三查三整”为主要内容的大规模的民主整军运动，毛泽东称之为新式整军运动。新式整军运动是我军知兵之将的具体体现。

1947年7月，人民解放军由战略防御转入战略进攻，中国革命进入夺取全国胜利的重要阶段。战争形势、解放区土地改革和整党运动的发展，要求人民解放军更加英勇作战，更好地执行党的路线和政策。那时，出于战争需要，部队扩编，新成分增加，特别是补入大批从国民党军中解放过来的士兵，部队在组织上、思想上、作风上存在许多不纯的现象。为保持人民军队的本质，提高官兵对党的土改政策的认识和战斗积极性，许多部队结合地方土地改革运动，先后开展多种形式的诉苦教育，鼓舞斗志，激励士气。1947年9月28日，毛泽东批转东北民主联军第3纵队诉苦教育的经验报告。随后，全军普遍开展了以“诉苦”、“三查”为中心的整军运动。

诉苦，就是诉旧社会和反动派给予劳动人民之苦。就是要通过挖苦根，找苦源，使全体指战员的认识产生飞跃，由个人的苦归结到阶级的苦，由地主恶霸的罪恶归结到蒋介石反动统治的罪恶，最后认识到“总苦根是老蒋”，只有打倒蒋介石，解放全中国，劳动人民才能彻底翻身。用诉苦的方式教育部队，是中国人民解放军的一大创造。一位美国学者把它称之为“世界上其他任何一支军队都没有过的政治手段”。三查，就是查阶级、查工作、查斗志；三整，就是整顿组织、整顿思想、整顿作风。在诉苦、三查三整基础上，广泛开展政治民主、军事民主、经济民主为主要内容的“三大民主”运动，把整军运动与部队群众性的练兵、杀敌立功运动结合起来。

通过开展新式整军运动，我军官兵为解放被剥削的劳苦大众，为消灭国民党反对派而战的政治觉悟大大提高，战斗力和纪律性大大增强，官兵关系和军民关系更加密切。部队万众一心，克服困难，英勇杀敌。新式整军运动是人民解放军“打倒蒋介石，解放全中国”的战略动员，对人民解放军的巩固扩大和作战胜利起到了重大作用。

孙武仁战的构想，是合乎战争发展趋势的。因为战争的最终目的是为了“利”，而不是为了将敌人杀尽。而且，取得战争胜利的方法也有许多种，能够不动刀枪应尽量不动刀枪，肉体的消灭是不得已的办法。按照孙武的构想，战争已从残酷的杀戮回归到仁战、追求和平的理念上了。仁战，有利于分化瓦解敌人，争取民心，同样能够达到战争胜利的目的。在孙武时代，仁战的构想是一种了不起的进步。当今世界发展的趋向，必将是和平、和谐代替战争和刀枪。

回顾《作战篇》，说明一个道理：战争的支柱是经济。经济实力的强弱，在很大程度上主导战争的胜负。古代战争为什么要速战速决？因为经济落后，物质不丰裕，战争消耗巨大，难以维持长久；速战速决要求有“知兵之将”。这些“知兵之将”懂得“因粮于敌”，懂得爱抚、激励士兵，优待俘虏。无疑，孙武提出这些用兵打仗的思想原则，不仅过去战争适用，现代战争同样适用。

如果把战争看作一个统一的序列，前两篇是属于战争整体谋略谋划阶段，所探讨的是战争的大政方针问题，那么，临战的时候，需要思考和谋划哪些战略思想和战略原则呢？从第三篇《谋攻篇》开始，至《军争篇》，孙武以 5 篇的篇幅，谋划临战前的谋略问题。先看《谋攻篇》。

第三篇　谋攻篇

孙子曰：凡用兵之法，全国为上，破国次之；全军为上，破军次之；全旅为上，破旅次之；全卒为上，破卒次之；全伍为上，破伍次之。是故 百战百胜，非善之善者也；不战而屈人之兵，善之善者也。

故上兵伐谋，其次伐交，其次伐兵，其下攻城。攻城之法为不得已。修橹 轒辒、具器械，三月而后成；距 闉，又三月而后已。将不胜其忿，而蚁附之，杀士三分之一，而城不拔者，此攻之灾也。

故善用兵者，屈人之兵而非战也，拔人之城而非攻也，破人之国而非久也，必以全争于天下，故兵不顿，而利可全，此谋攻之法也。

故用兵之法，十则围之，五则攻之，倍则分之，敌则能战之，少则能逃之，不若则能避之。故小敌之坚，大敌之擒也。

夫将者，国之辅也，辅周则国必强，辅隙则国必弱。

故君之所以患于军者三：不知军之不可以进而谓之进，不知军之不可以退而为之退，是为縻军；不知三军之事，而同三军之政者，则军士惑矣；不知三军之权，而同三军之任，则军士疑矣。三军既惑且疑，则诸侯之难至矣，是谓乱军引胜。

故知胜有五：知可以战与不可以战者胜，识众寡之用者胜，上下同欲者胜，以虞待不虞者胜，将能而君不御者胜。此五者，知胜之道也。

故曰：知彼知己，百战不殆；不知彼而知己，一胜一负；不知彼，不知己，每战必殆。

《谋攻篇》的中心为“必以全争于天下”，即力求“全胜”的战略思想和策略原则。包含四个方面内容：一是一般的用兵取胜的思想、原则和策略；二是不得已的开战应把握的基本策略和战术原则；三是正确处理统帅与君主的关系；四是预测胜利的方法。本篇设计六个阵图。

第十阵　“不战而屈人之兵”

——《谋攻篇》一阵图

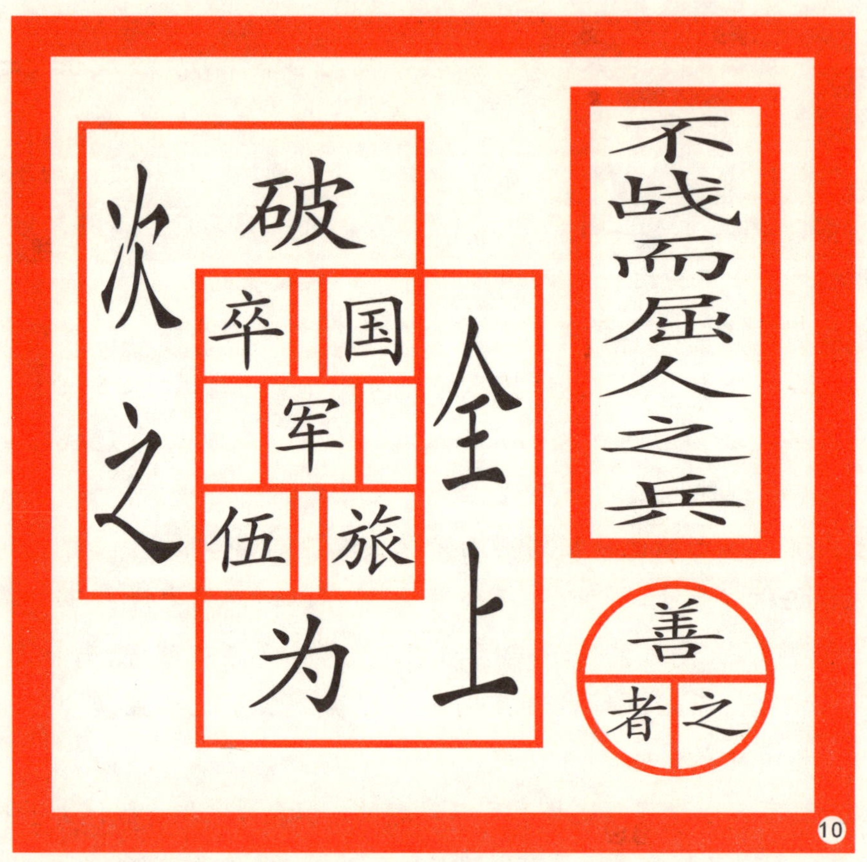

不战而屈人之兵

全国为上，破国次之；全军为上，破军次之；全旅为上，破旅次之；全卒为上，破卒次之；全伍为上，破伍次之。不战而屈人之兵，善之善者。

《谋攻篇》的开端，孙武首先说，大凡用兵作战，能使敌军举国降服是上策，采用攻打手段使敌军举国降服是次要的；能使敌人全军、全旅、全卒、全伍一兵不漏地降服是上策，采用武力成军、成旅、成卒、成伍地打垮别人，使其投降，则是次要的。孙武接着说，采用武力的办法虽然能够百战百胜，但“非善之善者”，不是最好的，而“不战而屈人之兵”，即不用经过兵刃交锋而使敌军降服，才是“善中之善”，是最高明的。孙武用兵作战的基本思想很明确：仗不打则已，要打就要全胜；要运用谋略，最好不需要动刀枪，不战屈兵；要以谋略来达到全胜的目的。

孙武用兵作战的基本思想告诉我们，其一，敌国、敌军、敌卒、敌伍，可以做到不战而使其屈服，因为战争是军力、经济力、政治力量的对决。力量薄弱的一方，有可能不用开战，就主动屈服。要避免战争爆发，就要使自己强大起来。其二，战争终归要靠人去掌握运用，发挥将帅的主观能动性，凭谋略一定能够取胜。历代战争中，许多谋士良将，付之心力、谋略，以武力威胁和政策攻心相结合取胜，其中或施之恩惠，晓之大义，说之利害，或采取大张声威，以敌制敌，大军压境，断其归路，绝其粮草等谋略。其三，“不战而屈人之兵”是有条件的。战争的双方，力量对比均衡，决不会“屈人之兵”。力量对比悬殊，或到了战争的后期，大局已定的情况下，才会不战而降。这方面的例子有许多。大型电视剧《延安颂》中保卫延安一段，就有如下精彩的情节。

1943 年，蒋介石趁共产国际宣布解散之机，密电胡宗南进攻延安，一并毁掉陕甘宁边区。胡宗南加紧调兵遣将，进攻时间定在了 7 月 9 日。

我党中央通过内线接到这一重要情报后，一方面做好狠狠打击来犯之敌的准备，一方面运用“不战屈兵”的谋略，逼使蒋军停止进犯延安，避免内战。7 月 4 日，八路军总司令朱德去电胡宗南，晓之发动内战的利害关系：“必致兵连祸结，破坏抗战团结之大业，而使日寇坐收渔利，陷国家民族与危亡之境，并极大妨碍英美苏各盟邦之作战任务。”胡宗南接到电报后，惊慌失措，知道消息已泄露。若此时进攻延安，不仅给共产党制造了口实，还在全国人民面前暴露了不抗日的真面目，盟军也会转向支持八路军。不打，又违蒋令。

胡宗南不敢冒天下之大不韪，权衡再三，只好向蒋介石复电，建议取消这次进攻延安计划。蒋介石无奈，大骂胡宗南一番，只好去电同意罢兵。

朱总司令在分析敌我双方情况和国内外形势，以及各类政治力量对比的基础上，巧妙地运用“不战屈兵”之策，表面上一封电报退了敌军，其实是胡宗南慑于国际国内的政治压力，慑于我军已经做好了狠狠打击来犯之敌的准备。

解放战争的平津战役，正是天津一战，才有北京的和平解放，才有后来六个省市的和平解决。表面看来，这是“不战而屈人之兵”，实际上是我军二十二年之战而屈人之兵的结果，是蒋家王朝走向灭亡的结果。

怎样才能实现“不战而屈人之兵”，达到全胜的理想结果？请看下一阵图。

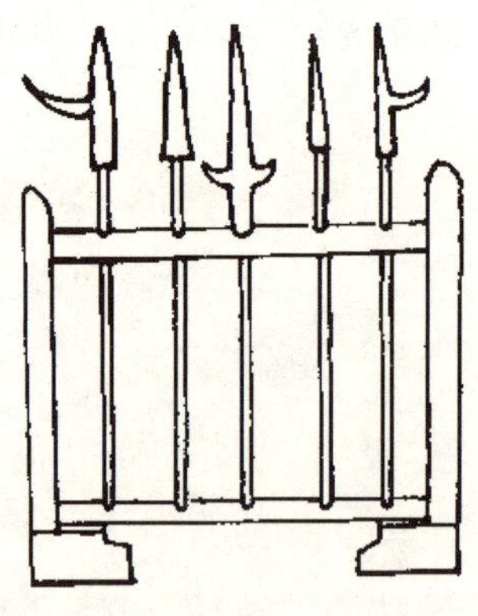

第十一阵　“谋攻之法”

——《谋攻篇》二阵图

谋攻之法

上兵伐谋，其次伐交，其次伐兵，其下攻城。

必以全争于天下，兵不顿而利可全，谋攻之法。

在介绍本阵图之前，不妨先讲一个朱德智取宜章的故事。

南昌起义失败后，朱德率领余部转战广东、江西、湖南三省交界地区，继续坚持斗争。1928 年初，朱德接到党中央指示，决定在湖南地区党组织的配合下，年关发动湘南暴动，夺取宜章县城。

宜章城是敌人在湘南统治的一个重要据点。朱德考虑到部队人数不多，装备不足，如何用最小的代价夺取宜章呢？显然强攻是下策，必须谋求智取，才是上策。他突然想到了湖南地区党组织派来与他联系的胡少海。他是宜章人，积极参加革命活动，但没有暴露身份。他的家在宜章挺出名，父兄很有势力，他自己也是一个名人。完全可以利用胡家的声誉，打着胡少海的招牌，隐真示假，把部队拉进城里，趁机夺取宜章城。于是，朱德让人放出风声，说本城大豪绅的公子胡少海在国民党第 16 军当了团长，率部回家过年。

消息传开，满城风雨。

1928 年 1 月 22 日，正是农历腊月三十。一队打着国民党第 16 军旗号的部队开进宜章城，并悄悄地控制了县城各个重要据点。当晚，国民党宜章县政府官员和豪绅们设宴为部队接风洗尘，还要和部队共商对付共产党军队的对策。宴席热闹之际，朱德突然宣布自己就是共产党，这支部队就是共产党领导的军队。在场的所有人都惊呆了，乖乖地束手就擒。城里的国民党地方武装也被缴了械。

朱德用计，不费一枪一弹占领了宜章城。这就是孙武提出的“上兵伐谋”之策。

孙武提出谋攻四种方法：一是伐谋，二是伐交，三是伐兵，四是伐城，并且说，最好的是以谋略取胜，这是上策。其次是运用外交手段取胜，再次是以军事手段取胜，最差的是进攻敌军的城池了，这是下策。采用攻城的办法是不得已的。因为攻城的准备工作时间长，伤亡大，还不一定能拿得下来。他用“攻城之灾”反证“伐谋”的高明，然后得出结论：大凡善于用兵的人，使敌人屈服不用硬打，夺取敌人的城池不用硬攻，征服敌人的国家不须持久。争天下一定要全胜，用最少的损失赢得全胜的最大利益。他强调说，这就是谋攻的法则了。

说实在的，孙武提出的谋攻之法，是抽象的、原则的，还停留在理念层面上，至于“如何谋”才能达到“全胜”，他没有具体地交代。但仅此，已给历代的军事家很大的启发：应该把谋略放在战争的重要位置上，在一定实力的基础上，出好点子，用好计策，不盲目地死打硬拼，能够智胜则智胜，一定要夺取全胜。朱德智取宜章的故事，就是一个以谋为上策，夺取全胜的实例。

在实现全胜过程中，具体要遵循哪些作战方针呢？请看下一阵图。

第十二阵 “用兵之法”
——《谋攻篇》三阵图

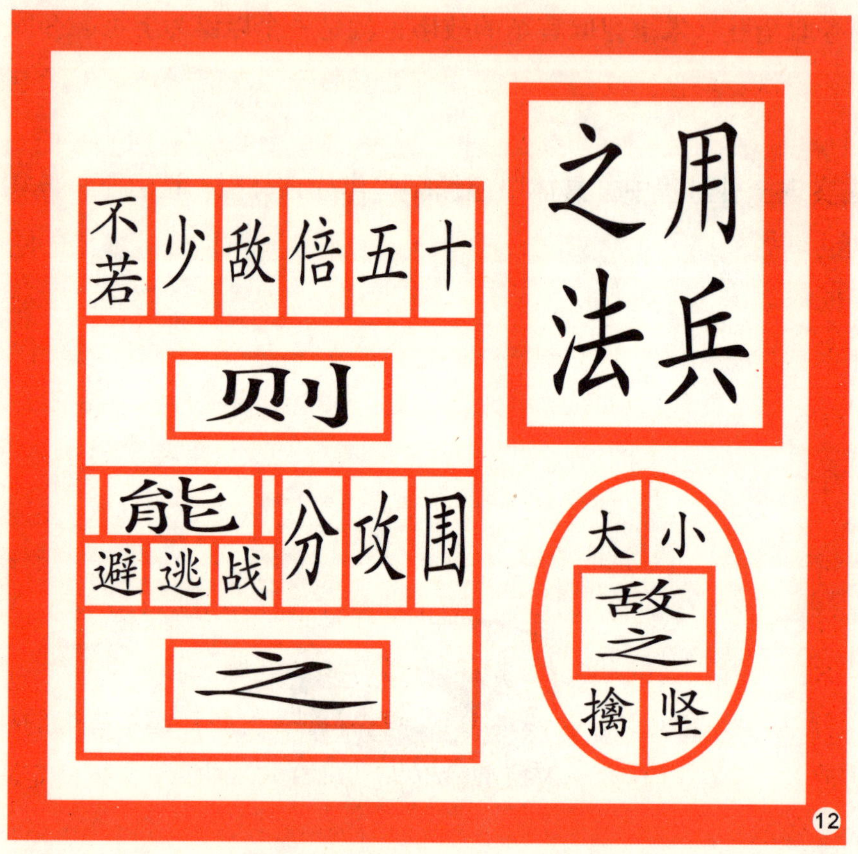

用兵之法

用兵之法，十则围之，五则攻之，倍则分之，敌则能战之，少则能逃之，不若则能避之。小敌之坚，大敌之擒。

孙武讲了六种作战方针：一是我军的兵力十倍于敌人，占绝对优势时，要四面包围，加以全歼；二是我军的兵力具有五倍于敌人的优势时，便可以发动进攻；三是我军的兵力只为敌人一倍时，应设法将敌人分割开来，以造成我军兵力上的优势；四是我军的兵力与敌军相当时，要奋力战胜他们；五是我军的兵力比敌军少时，要善于摆脱他们；六是我军各方面的条件都不如敌人时，应避免与他们交战。弱小的军队如果硬拼，必定被强大的军队所俘虏、歼灭。

上述讲了三层意思。第一，战争中，要根据敌我双方力量的强弱，采取不同的作战方针。无论对敌人还是自己，都要审时度势，根据不同的情况采用不同的战术，不要盲目出战，以免造成不必要的损失。第二，前三种作战方针说的是集中优势兵力的问题。一指伤不了人，五指捏成拳头才有力量。战场瞬息万变，任何时候都要想方设法集中兵力，用兵力的优势，以众击寡。这是打败敌人最有力的手段。"集中兵力打歼灭战"成了打胜仗的一条法则，至理名言。第三，后三种作战方针说的是根据不同情况，采取不同的战法。主要是讲能打则打，不能打就走。能打而不打就失去战机，不能打而硬去打，冒险地打，就会打败仗，当俘虏。弱小的军队迎战实力强大的敌人，要避其锋芒，保存实力。这也是关系到军队胜败存亡的问题，非常重要。

毛泽东军事思想十分强调集中兵力打歼灭战。翻开我军辉煌的战争史，这方面神来之笔不可胜数。解放战争时期，刘伯承、邓小平指挥的定陶战役，就是一个典范。

1946 年，蒋介石撕毁停战协议，发动全面内战。从郑州、徐州集中 32 个旅 30 多万人，分 6 路向鲁西南扑来，企图合击我刘邓大军于定陶、曹县地区。

定陶战役打响了。

刘伯承指挥若定。当六路大军气势汹汹地扑来时，他指挥我军主力在定陶休整，以逸待劳。然后选准进攻一路的国民党整编第 3 师为首歼目标。因为该师师长赵锡田自恃装备精良，傲气十足，突出冒进，给我军创造了分割歼灭的条件。

为了吃掉这块"肥肉"，刘伯承以少量兵力和地方武装，钳制其他 5 路进攻之敌，集中主力 9 个旅对付敌整编第 3 师 2 个旅，在兵力对比上形成了 4 倍于敌的优势。在具体攻击部署上，先集中兵力歼灭一个旅，然后再歼灭师部和另一个旅。首先歼灭的这个旅，也没有一口吃下去，而是包围起来，一个团、一个团地逐个歼灭。这样，在具体战斗中，我与敌军兵力对比就远远不止 4 倍的优势了。

战斗进展很顺利。当我军歼灭一个旅后，敌整编第 3 师陷于混乱状态。我军很快就歼灭了敌师部和另一个旅，然后乘胜攻击敌整编 47 师，又歼灭了该师两个旅。至此，定陶战役仅用 5 天时间胜利结束，歼灭 4 个旅共 1.7 万人，我军仅伤亡 3500 人，打了一个漂亮歼灭战。

毛泽东对定陶战役的指挥评价很高，在向全军通报定陶战役经验的电报中说："必须集中优于敌人 5 倍或 4 倍至少 3 倍的兵力，首先歼灭敌 1 — 2 个团，振起我军士气，引起敌人恐慌，得手后再歼灭敌第 2 部、第 3 部，各个击破之，切不可贪多务得，分散兵力。"

将帅是专门的军事人才，在军事谋划、领兵作战方面，是不可替代的。孙武提醒人们注意正确处理好君主与将帅的关系，指出选好了将领，就应该授权于他，信任他。对作战和军队事务，不应随意干预。

干预作战和军队事务有哪些表现和带来什么祸害呢？下一阵图细说。

第十三阵　“乱军引胜”

——《谋攻篇》四阵图

乱军引胜

君之所以患于军者三：不知军之不可以进而谓之进，不知军之不可以退而谓之退，是谓縻军；不知三军之事而同三军之政者，则军士惑；不知三军之权而同三军之任，则军士疑。

阐述了国君与将帅关系之后，孙武一针见血地指出，国君干预军队作战表现有三：一是不懂得军队不可以前进，却硬要命令军队前进；不懂得军队不可以后退，却硬要命令军队后退。这叫瞎指挥，束缚了军队手脚。二是不了解军队内部具体情况，却要参与或干预军队的行政事务，就会使将领产生疑惑。三是不懂得用兵灵活多变的性质，却要干预军队的指挥，就会使军队对指挥产生怀疑。军队将士既困惑又疑虑，敌国就会乘机进犯，打败仗就免不了。这就叫扰乱军心，自乱阵脚，招引敌军取胜。

“乱军引胜”的教训不是没有的。我党领导的革命战争，有过深刻而惨痛的教训。

1927 年，南昌起义、广州起义失败后，毛泽东、朱德井冈山会师。那时，红军贯彻毛泽东的“敌进我退、敌驻我忧、敌疲我打、敌退我追”和“诱敌深入”的游击战争基本军事原则，粉碎了蒋介石一、二、三次反“围剿”进攻。

然而，从 1930 年 6 月开始，党中央主要领导者李立三为代表的“左”倾机会主义路线，反对毛泽东“建立农村根据地，以农村包围城市，以根据地来推动全国革命高潮”的思想，主张“全国各地都要马上准备起义，组织全国各中心城市武装起义”的冒险计划，规定了若干不适合时宜的“左”倾冒险政策。1930 年 9 月，党的六届三中全会虽然停止了“立三路线”。但是，以王明、博古为首的党的领导，认为“立三路线”不是“左”，而是“右”，提出了继续恢复和发展立三路线和政策的所谓“正规原则”。他们以反对“游击主义”为名，反对诱敌深入，大搞“全线出击”、“夺取中心城市”、“两个拳头打人”。敌人进攻时，搞“六路分兵”、“御敌于国门之外”等。

新的“左”倾路线统治的三个年头里，他们从军事冒险主义，转到军事保守主义，后来变成了逃跑主义，虽然第四次反“围剿”基本取得了胜利，但到了第五次反“围剿”的一年时间里，红军完全处于被动挨打的地位。最后，不得不退出江西革命根据地。1934 年 10 月，红军被迫进行二万五千里长征。

这次“左”倾错误路线在党内统治时间特别长（四年），给党和革命造成的损失特别大，中国共产党、中国红军和红军的根据地损失 90%左右，数百万根据地人民受到了国民党的摧残。其恶果是推迟了中国革命的进程。

1935 年 1 月的遵义会议，确立了毛泽东同志在党中央的正确领导。纠正了“左”倾错误路线，从此，中国革命从胜利走向胜利。

历史的经验值得记取。“乱军引胜”，以君主自居，君临天下，发号施令，胡乱指挥，其结果必然适得其反。

《谋攻篇》说到此，孙武断定：胜利是可以预测的。至于预知的方法，下一阵图介绍。

第十四阵　“知胜之道”

——《谋攻篇》五阵图

知胜之道

知可以战与不可以战者胜；识众寡之用者胜；上下同欲者胜；以虞待不虞者胜；将能而君不御者胜。

孙武把能够预测胜利的方法归纳为五种：第一种是对战争形势准确把握，知道在什么情况下可以作战，什么情况下不能作战；第二种是懂得什么情况下多用兵，什么情况下少用兵；第三种是善于调动将士的积极性，能使军队上下同德同心；第四种是我方有充分的战前准备，而敌方疏忽懈怠，毫无准备；第五种是将帅能独立发挥军事才能，国君开明，没那么多清规戒律干预、束缚。孙武把这五种方法，称之为“知胜之道”。

分析孙武的“知胜之道”，有两点启迪。其一，孙武在这里讲的是方法，可以理解也是讲人，讲那些具备才能的将帅和指挥战争者。换句话说，那些能够对战场情况准确把握，根据战势采取相应的用兵之法，能够让军队上下齐心协力，做好战前准备，而且国君开明，在战场上能够独立发挥军事才干的人。这些人不仅能够预测战争的胜利,也一定能够取得战争的胜利。其二，孙武的五种取胜方法，根本在于要“知己”。他强调自身的条件，强调自身的素质。自身具备了胜利的条件，在这种情况下出兵，才能有胜利的把握。没有具备取胜的条件，盲目出兵，肯定要吃亏的。

就第一点启迪来说，毛泽东研究中国革命，研究中国战争，其高瞻远瞩，雄图大略，在中国历史上是百世难得的奇才。以土地革命战争为例，那时，我党还年轻，对中国革命的特点缺乏认识，在武装斗争的指导思想上，基本沿用苏联十月革命和中国北伐战争的经验，走夺取城市的道路。结果，南昌起义、秋收起义、广州起义都先后遭受挫折和失败。

血的教训促使毛泽东对中国革命武装斗争的道路问题进行新的思考：

第一，中国是一个半殖民地半封建的国家。内部，受封建制度压迫，没有民主制度；外部，受帝国主义侵略，没有民主独立，既无议会可利用，又无组织工人举行罢工的合法权利，缺乏在大城市举行武装起义的条件。

第二，中国是一个政治经济发展不平衡的、半殖民地的大国。微弱的资本主义经济和严重的半封建经济并存，近代式的若干工商业都市和停滞着的广大农村并存，几百万产业工人和几百万旧制度统治下的农民和手工业工人并存等，这种经济发展的不平衡，造成了政治上的不统一。

第三，中国又是一个农业大国，农业经济和手工业经济约占整个国民经济90%，在中国社会经济中占主要地位。80%的人口是农民，农民问题是中国革命的中心问题，广大农民是中国革命的主力军。中国农村地域广大，"东方不亮西方亮，黑了南方有北方"，不愁没有回旋的余地。这就造成了革命力量能够长期依托农村进行积聚和发展的良好条件。

第四，敌我力量对比悬殊。中国革命的敌人不但有强大的帝国主义，有强大的封建势力，还有勾结帝国主义、封建势力的官僚资产阶级反动派。强大的敌人占据着中心城市，而广大农村，敌人的统治则相对薄弱。中国革命只有长时间在农村积聚、发展壮大，才能最后推翻上述"三座大山"。

由此，毛泽东得出了中国革命只能走农村包围城市的道路的结论。也就是说，先占据农村，建立若干的红色政权，在农村建立巩固的根据地，形成对城市的包围，最后夺取城市，解放全中国。

走农村包围城市的道路，是毛泽东的独创，是马克思主义关于暴力革命和武装夺取政权学说的重大发展。这个原理，在世界上是首创的。中国革命的胜利，正因为有了毛泽东同志的正确领导，有一条走农村包围城市的正确道路指引的结果。

本篇最后，孙武总结了两句话作为结论。这两句话的意义深远，揭示战争的一般规律，至今仍然是科学的真理。这两句至理名言是什么呢？请看本篇最后一个阵图。

第十五阵　“知彼知己，百战不殆”

——《谋攻篇》六阵图

知彼知己，百战不殆

知彼知己，百战不殆；不知彼而知己，一胜一负；不知彼，不知己，每战必殆。

孙武根据谋攻篇以及对前几篇的分析，得出了“知彼知己，百胜不殆”的结论。这两句话词意通俗，晓畅明白，强调只有真正了解敌人又了解自己，才能百战百胜，不会失败。这两句话的进一步延伸是，如果不了解敌人，只了解自己，胜负参半；假如既不了解敌人，又不了解自己，肯定地说，每战必败。孙武的结论，深刻阐明了对敌我情况的了解与战争胜败的辩证关系。

孙武的结论告诉我们什么呢？一是如何才能做到“必以全争于天下”，“不战而屈人之兵”？如何才能灵活运用谋攻的四种方法和六种作战方针，认真吸取“乱军引胜”的教训，准确地把握“知胜之道”？答案就是一个：要知彼知己。知彼知己是实现上述结果的前提和基础。二是知彼知己的内涵非常丰富。包括对战争的性质、目的，敌我双方力量对比、作战意图、方案部署、行动路线的了解，包括根据敌方的情况来确定自己的作战方略，包括对作战规律的认识和把握等等。这一切，都必须成竹在胸，用以指导作战，才能取得真正的胜利。三是必须认识到，从知彼知己到战争的胜利，需要一个过程。这个过程并不轻而易举，而是非常艰辛，需要全体将士同仇敌忾，英勇作战，甚至付出生命的代价。凡事都必须经过努力才能够实现，这是一条客观真理。

知彼知己是作战根本的指导原则，古今中外的军事家，都十分重视这一指导原则的科学运用。这里，以毛泽东首次组织、指挥的军事行动为例。这一事例鲜为人知，可以让我们从中领略领袖非凡的胆略、谋略和统帅才能。

1917 年 11 月，桂系军阀谭浩明的军队打败了湖南督军傅良佐的军队。战事逼近长沙之时，傅良佐率残兵败将仓皇出逃。那时，毛泽东年方 24 岁，就读湖南第一师范。

该校位于长沙南郊，正是溃军北撤的必经之路。学校决定全体师生暂时撤离，躲避溃军。毛泽东得知消息后，赶到校长室，说明“离校不如护校”的道理，并协助校方，把学校体育尖子组织起来，组成“学生志愿军”，以自制木枪、棍棒作武器，构筑壁垒，站岗巡逻，开展护校行动。当几千溃兵靠近之际，毛泽东乔装打扮，亲自前去探听敌情，分析认为，溃军并未知道长沙是一座空城，这时，防止他们进城洗劫，倒不如“主动出击”，将他们缴械、赶走。这个大胆又冒险的设想，得到校方和全体师生的拥护。经过一番筹划，设想逐步开始实施。

吃罢晚饭，百余学生穿上平时操练的军装，与“借来”的20多名荷枪实弹的警察一起，趁着朦胧月色，分兵三路进发。毛泽东率领一路正面拦截，其余两路分别包抄溃军的后路和东路。路上，一些农民、工人和学生，手持农具、木棒、铜锣、大鼓等，也加入到队伍中。几路大军悄悄埋伏在溃军必经之路四周的几个山头上。

入夜，当惶惶不安的溃军进入包围圈时，毛泽东立即让警察鸣枪三响。顿时，写有“桂”、“湘”、“粤”字的灯笼一起点燃，漫山遍野。随后，毛泽东又命令警察放了一阵枪，学生在油桶里大放爆竹，军号阵阵，锣鼓喧天。稍顷，传来“桂军进城了，你们被包围了，赶快投降吧”，“只要你们放下武器，就放你们回家”的桂林话。枪声、炮声、锣鼓声、呼喊声，溃军蒙了，乱作一团。毛泽东摸透溃军的心态，派代表前去交涉。不一会，溃军队伍纷纷举起白衬衣投降了。

就这样，兵不血刃，3000多溃军被缴械、遣散。毛泽东知彼知己，机智果敢，不伤一人，率一群“秀才”，缴了数十倍于己之敌人的枪械，堪称中外战争史上的奇迹。事后，人们称毛泽东“一身是胆”，外号“毛奇”。

总结《谋攻篇》，孙武提出的“全胜”的战略思想、“不战而屈人之兵”、“集中兵力打歼灭战”、“知彼知己，百战不殆”等著名原则，揭示了战争的一般规律，不愧是科学的真理。用一句话总结《谋攻篇》：临战的谋略必须建立在“全胜”的思想基础上。

那么，全胜靠什么作保证呢？请看第四篇《形篇》介绍。

第四篇　形　篇

孙子曰：昔之善战者，先为不可胜，以待敌之可胜。不可胜在己，可胜在敌。故善战者，能为不可胜，不能使敌之必可胜。故曰：胜可知，而不可为。

不可胜者，守也；可胜者，攻也。守则不足，攻则有余。善守者，藏于九地之下；善攻者，动于九天之上。故能自保而全胜也。

见胜不过众人之所知，非善之善者也；战胜而天下曰善，非善之善者也。故举秋毫不为多力，见日月不为明目，闻雷霆不为聪耳。古之所谓善战者，胜于易胜者也。故善战者之胜也，无智名，无勇功。故其战胜不忒。不忒者，其所措必胜，胜已败者也。故善战者，立于不败之地，而不失敌之败也。是故胜兵先胜而后求战，败兵先战而后求胜。善用兵者，修道而保法，故能为胜败之政。

兵法：一曰度，二曰量，三曰数，四曰称，五曰胜；地生度，度生量，量生数，数生称，称生胜。

故胜兵若以镒称铢，败兵若以铢称镒。

胜者之战民也，若决积水于千仞之溪者，形也。

《形篇》的中心，讲战争胜负建立在客观物质基础上，靠雄厚的实力取胜。全篇大体分三个方面内容。一是讲“为什么能够打胜仗”，二是讲“攻与守”的关系，三是讲实力大小最终是由政治和物质因素决定的。本篇设计了三个阵图。

第十六阵 “先为不可胜，以待敌之可胜”

——《形篇》一阵图

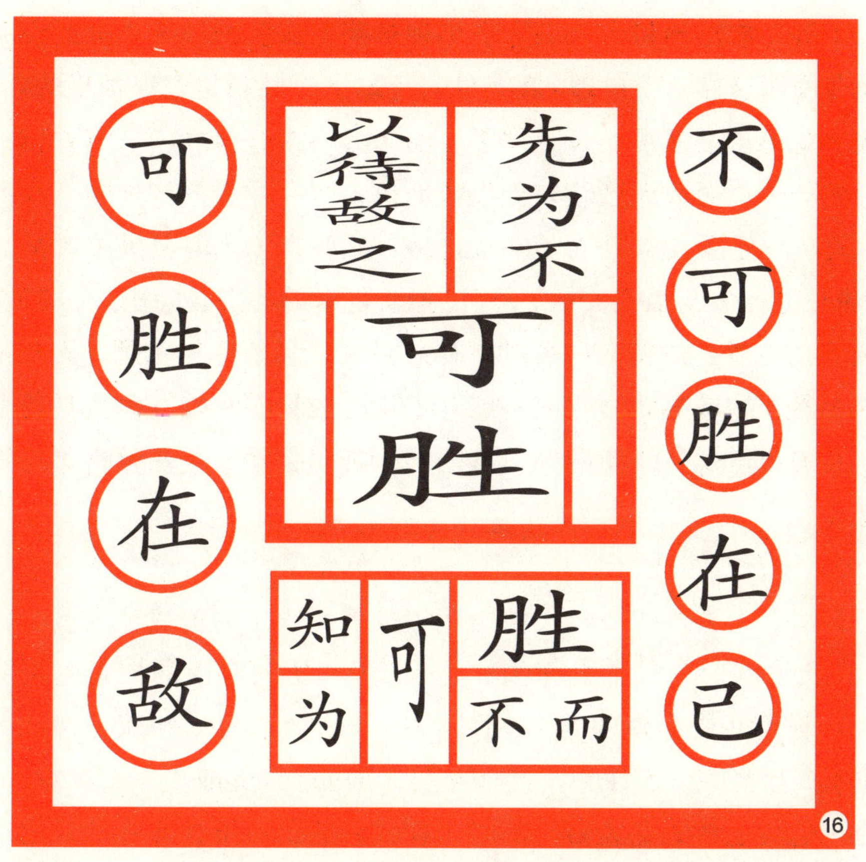

先为不可胜，以待敌之可胜

先为不可胜，以待敌之可胜。不可胜在己，可胜在敌。胜可知，而不可为。

开篇，孙武从过去善于打胜仗的人说起。他们为什么能够打胜仗？是因为他们首先能够创造不会被敌人打败的条件，还能够等待敌人弱点暴露时，不失时机地战胜它。敌人不能战胜我方的原因，在于自己。敌人犯不犯错误，何时暴露弱点，被我战胜，全在于敌人。能创造不被敌人战胜的条件，不等于能够预料敌人一定会出现被我方战胜的情况。孙武说了这么多，无非说明这样一个道理：在条件对比之下，胜利是可以预见的。但是，不能凭主观愿望去强求。打胜仗了，由于战略措施得当，没有差错，具备了必胜的条件，而敌人已经处于失败地位，所以注定一定失败。我们要打胜仗，首先一定要使自己立于不败之地，同时，不失时机地战胜敌人。有了胜利的把握，才与敌人交战，否则，抱着侥幸的心态冒险出战，必败无疑。

先为不可胜，以待敌之可胜。孙武强调胜利条件和时机，无非是指战胜敌人应当从物质方面做好准备。有了雄厚的物质基础，也就具备了强大的军事实力。这样，才能做到不打则已，打则必胜。这一谋略具有极强的指导意义。

1938 年新四军成立之初，那是一种什么样的状况呢？新四军是由红军长征时留在南方八省的红军游击队组成的。三年的苦战，人员少，装备差。2 支队由副司令员粟裕率领、4 月底最先出发江南的抗日先遣队，才 300 多人；陈毅司令员带领的 1 支队 6 月 3 日进入江南，也仅有 2000 人马，而且枪支破破烂烂，子弹一人仅有几发，五分之二的战士只有 3 颗手榴弹，五分之一的肩上背的是大刀。那时，在日寇的蹂躏下，昔日“日出江花红胜火，春来江水绿如蓝”的江南已不复存在，主要城镇、交通要道，日军的岗楼林立，到处断壁残垣，田园荒芜，许多名镇已成死城。百姓白天怕日寇，天黑怕土匪，谈兵色变，一旦少许动静，便举家携口逃亡。江南群众不了解新四军，一时还接受不了新四军，一些抗日的有识之士对新四军的能力有所怀疑，一些自发抗日的游击队抱着观望的态度。

新四军在江南到底能不能跟日寇较量？能不能在江南站住脚？能不能在敌后建立根据地？一系列问题摆在他们面前。

“打一仗！一定要打一仗！让群众看到希望。”陈毅、粟裕下了决心：

在下蜀车站破坏铁路，同时在镇江通往南京的公路上一个叫韦岗的地方，打一场袭击战。江南第一仗，一举千钧。“这一任务非你莫属，我再调两个连归你指挥。”陈毅嘱咐粟裕道。

战前，为了创造更多更好的战胜敌人的有利条件，陈毅做了许多工作。举行演出会，陈毅在会上讲话，宣传新四军是来打鬼子的人民的队伍。江南农民第一次和中国军队并肩坐在一起联欢，融洽了感情。召开东进以来第一次团、营干部会。陈毅出了两道算术题：“日寇＋汉奸＝？新四军＋江南百姓＝？”大家明白了尽管我们兵力处于弱势，但有广大群众支持，我们处于优势，一定能够取得胜利。争取江南举足轻重的人物纪振纲、范玉琳、许维新等人，获得了他们的支持；收编了当地抗日热情高的游击队伍。这一系列动作，为打好第一仗打下了良好的思想基础和群众基础。

破坏下蜀车站铁路后，6 月 17 日清晨 8 点 20 分，粟裕他们在韦岗设下伏击圈，袭击了正在调防的日军野战重炮兵第 5 旅团一个中队，全歼一个车队、30 多鬼子，烧毁了 5 辆汽车，还缴获颇丰的一批战利品。

江南处子之战，虽然新四军处境比较艰难困苦，但由于战前做了许多准备工作，创造了不被敌人战胜的条件，又利用骄横的敌人麻痹的心理，采取袭击战这一抗日游击战争的基本战术，取得了胜利。这一仗，大长了我军的士气，灭了日寇的威风，焕发了江南人民的斗志，蒋介石还发来了嘉奖令。

要想不被敌人战胜，如果己方兵力不足，战略上应采取什么对策呢？请看下一阵图。

第十七阵　“自保而全胜”
——《形篇》二阵图

自保而全胜

善守者，藏于九地之下；善攻者，动于九天之上。自保而全胜。

善战者，立于不败之地；善用兵者，修道而保法。

孙武结束了不可胜与可胜的话题，话锋一转，讨论攻守关系。他说，不被敌人战胜者，防守得法；胜利者，进攻得法。兵力不足，实行防守；实施进攻，则是因为兵力有余。善于防守者，把部队隐蔽得如同深藏于地下，像铜墙铁壁般坚守；善于进攻者，用兵像冲天而降，无坚不摧。所以，既能保存自己，又能战胜敌人，取得全胜。

孙武的攻守观点和自保全胜的谋略很有指导价值。打仗，客观存在攻守问题。攻与守，取决于实力和战争的实际情况。实力强大，具备胜利条件的，就要果断进攻；实力不足，不具备胜利条件的，就要严阵以待，保存实力，等待战机。不仅要善攻，也要善守。善守，有“藏于九地之下”的本领，蓄势待发，以不变应万变；善攻，有“动于九天之上”的气势，迅雷不及掩耳，打得敌人措手不及。这样，才能达到自保全胜的目的。

说到诸葛亮导演的空城计故事，家喻户晓。它是一个“自保而全胜”战略的具体运用。其实，在我军战史上，也有许多类似的战例，石家庄保卫战就是其中的一例：

1948 年 10 月，辽沈战役如火如荼。国民党保定地区将领胡义，集中了第 94 军、整编第 17 师、新编骑兵第 4 师、骑兵第 12 旅等优势兵力和数千辆汽车，企图乘我军空虚，快速奔袭石家庄。

当时，我军在石家庄仅有中央警备团和另一个教导团以及冀中军区三个地方团。显然，用这点兵力阻止敌军突袭石家庄是不可能的。于是，晋察冀军区首长当起了新诸葛，利用胡义像司马懿那样胆小多疑的弱点，采取了几条措施，导演了一出新的“空城计”。

其一，以军区发言人的身份，在广播上发表谈话，揭露胡义阴谋偷袭石家庄的企图，宣称我军已做好一切准备。胡义听到广播、看到广播稿后，传令他的部队减缓前进速度。

其二，命令冀中部队在完县以北地区，节节抗击敌军前进。令驻守石家庄的部队在滹沱河一带构筑工事，造成坚守的态势。

其三，急电令张家口以南汛山堡地区的我第三纵队，日夜兼程，增援石家庄。

其四，命令我第六纵队，在盂县一带将阎锡山派来策应的第 49 师歼灭。

这 4 条措施，令胡义心神不定。几天以后，他派飞机侦察，发现情况不对头：一是发现我军在滹沱河一带修筑了许多工事；二是发现石家庄城内人心稳定，军民肯定做好了战斗准备，并不怕偷袭；三是发现易县、大龙华以西地区我军有一支增援部队，行军队形长达 300 里。他判断这支队伍兵力约 8 ~ 10 万，是我精锐野战军。按这样的行军速度计算，能赶在他们偷袭之前到达。四是发现策应的阎锡山第 49 师被歼。这四种情况，都与他实施偷袭针锋相对。他担心这时候如果还贸然进兵必定失败。最后，只好下令部队停止偷袭行动。

就这样，我军保卫石家庄战役以胜利结束。

石家庄保卫战的胜利，在于我军指挥员利用了胡义疑心重的弱点，采取得当的措施，使石家庄的防守做到“藏于九地之下”的形态；退敌的部署，也有“动于九天之上”的气势，从而使“空城计”成功地得以实现，达到了“自保而全胜”的目的。

攻守问题，归根结底由实力决定的，而实力又是客观物质基础的表现。为什么这么说？请看下一阵图。

第十八阵　“兵法五曰”

——《形篇》三阵图

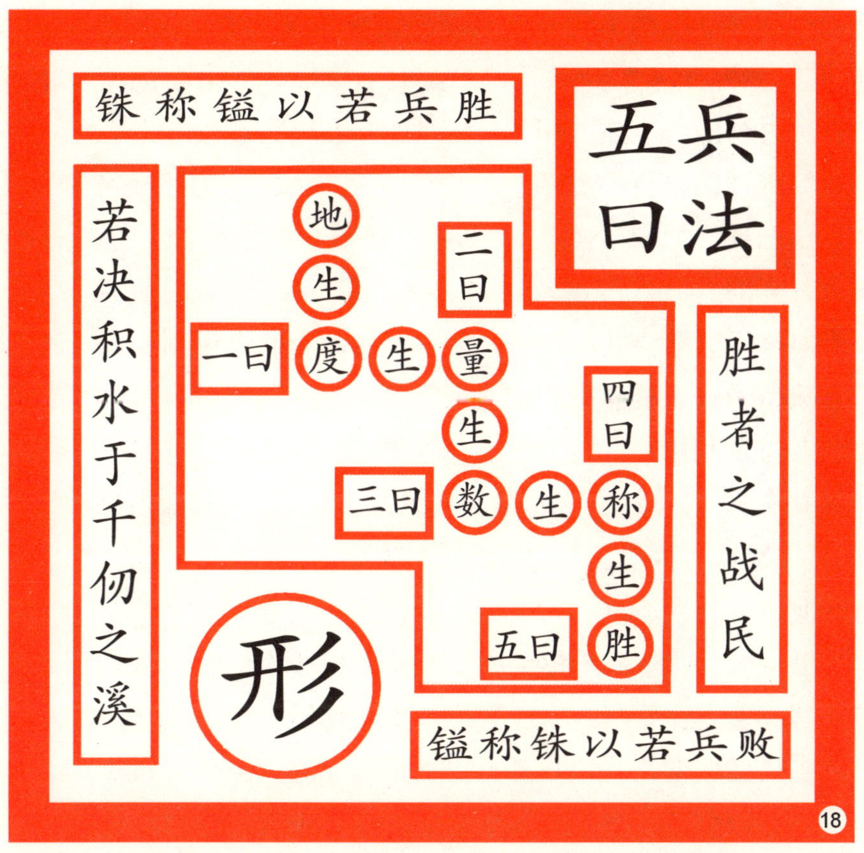

兵法五曰

一曰度，二曰量，三曰数，四曰称，五曰胜。地生度，度生量，量生数，数生称，称生胜。

胜兵若以镒称铢，败兵若以铢称镒。

胜者之战民，若决积水于千仞之溪，形。

孙武作为军事家，深知军事不能离开政治的道理，强调善于打仗的人也要注重修明政治，严肃法制，才能把握战争胜负的主动权。他列举了兵法上的五个范畴：度、量、数、称、胜，即土地幅员、人口和物质资源、兵员数量、衡量对比、胜利等，说明其中的关系：敌我双方“地域”的不同，土地幅员大小有“度”的不同；土地幅员大小不同，人口和物质资源有“量”的不同;人口和物质资源不同,军队和兵员有“数”的不同;军队和兵员不同,构成军事实力对比“称”的不同；军事实力不同比较，决定了战争“胜”负的结局。打胜仗的军队与打败仗的军队，实力如同“镒”比“铢”，前者占绝对优势；相反，如同“铢”比“镒”，打败仗的军队处于绝对的劣势。他还强调，胜利的一方，还要表现出一种“决积水于千仞之溪”，一泻千里的气势。他把这些统称为“形”——军事实力强大的表现。至此，孙武从根源上回答了战争为什么能够取得“全胜”的问题：全胜在于军事实力的强大，而军事实力的强大，在于物质力量、经济实力的雄厚。

上述的阐述，人们由衷地敬服孙武这位古代军事家。他强调善于打仗的人,也要注重修明政治,严肃法制。说明他注重军事,却不是单纯地讲军事,任何时候他都不会忽略政治因素。他的“度、量、数、称、胜”,以及“地生度,度生量，量生数，数生称，称生胜”和“决积水于千仞之溪”的观点，非常有哲理。第一句，物质第一性的观点。指出物质基础是战争胜败的根本；第二句，物质联系观点，表明万事万物不是孤立的，而是互相联系，互相作用的；第三句，物质不是静止的，而是运动的，即运动的物质观点。这些，都是唯物辩证法的基本观点，说明了孙武把唯物辩证法运用到军事上了，尽管是朴素的，处于萌芽状态之中，但已非常卓越了。

运用唯物辩证法指导战争，我党第一代领导人毛泽东是这方面的大家。中国革命的胜利，是毛泽东思想的伟大胜利，是唯物辩证法军事思想的伟大胜利。回顾中国革命的历程，每一个时期，每一个阶段，每一场战役战斗，都闪烁着唯物辩证法军事思想的光辉，体现了实事求是的思想路线。

土地革命时期，毛泽东根据我国的情况，指出中国革命与苏维埃革命不同。他们从夺取大城市着手，我们不能，因为我们的敌人力量集中在大城市。我国革命胜利只能走农村包围城市的道路。从井冈山建立革命根据地开始，到艰苦的二万五千里长征，以及在陕北延安运筹帷幄，指挥中国革命斗争，走的都是农村包围城市的道路。抗日战争时期，毛泽东根据战争性质和敌强我弱的情况，制订建立抗日根据地，实施抗日持久战的战略，领导全国人民进行八年艰苦卓绝的抗日战争，终于把日本侵略者赶出中国。解放战争时期，毛泽东根据我党与国民党政治、军事力量对比发生的变化，制定夺取全国胜利的战略。中国人民解放军以摧枯拉朽之势,横扫国民党几百万军队。辽沈、平津、淮海三大战役，毛泽东的战略战术运用得淋漓尽致。解放战争仅仅打了三年，就取得全国的解放。这在人类战争史上，真是一个不可思议的奇迹！

毫无疑义，本阵谱的内容是前两个阵谱的总结和概括。

回过头来看《形篇》，说的是临战前不仅要树立“全胜”的观念，还要创造“全胜”的物质基础作保证。这种物质基础是动态的，像“决积水于千仞之溪”那样有气势和威风，这就叫“形”。“气”与“威”，属于“形”的东西，一种排山倒海、一泻千里的震慑力量。

“形”离不开“势”,“形”的后面是“势”。“势”又是什么？如何去“造势”？请看第五篇《势篇》的分析。

第五篇　势篇

孙子曰：凡治众如治寡，分数是也；斗众如斗寡，形名是也；三军之众，可使必受敌而无败者，奇正是也；兵之所加，如以碫投卵者，虚实是也。

凡战者，以正合，以奇胜。故善出奇者，无穷如天地，不竭如江河。终而复始，日月是也。死而复生，四时是也。声不过五，五声之变，不可胜听也。色不过五，五色之变，不可胜观也。味不过五，五味之变，不可胜尝也。战势不过奇正，奇正之变，不可胜穷也。奇正相生，如环之无端，孰能穷之？

激水之疾，至于漂石者，势也；鸷鸟之疾，至于毁折者，节也。是故善战者，其势险，其节短。势如彍弩，节如发机。

纷纷纭纭，斗乱而不可乱也；浑浑沌沌，形圆而不可败也。

乱生于治，怯生于勇，弱生于强。治乱，数也；勇怯，势也；强弱，形也。

故善动敌者，形之，敌必从之；予之，敌必取之；以利动之，以卒待之。

故善战者，求之于势，不责于人，故能择人而任势。任势者，其战人也，如转木石。木石之性，安则静，危则动，方则止，圆则行。故善战人之势，如转圆石于千仞之山者，势也。

《势篇》的中心就是讲“势”，回答物质的运动产生的“势”和“造势”问题。全篇设计两个阵图。

第十九阵　“以正合，以奇胜”

——《势篇》一阵图

以正合，以奇胜

以正合，以奇胜。善出奇者，无穷如天地，不竭如江河。终而复始，日月是也；死而复生，四时是也。五声之变，不可胜听；五色之变，不可胜观；五味之变，不可胜尝，奇正之变，不可胜穷。奇正相生，如环之无端。

首段，以“三军之众，可使必受敌而无败者，奇正是也”，即整个部队遭遇敌人所以没有溃败，是奇正战术运用得当。从而引出了奇正的讨论。孙武说，大凡用兵作战，总是以“正兵”迎战，用“奇兵”取胜。他接连用了天地变化、江河奔流、日月运行、四季更替和五音听不尽、五色看不尽、五味尝不尽的七种比喻，形容善于出奇制胜的指挥员以及他们多端的战术变化，指出作战的方式方法不外乎奇、正两种。奇、正的变化是层出不穷的，两者的关系互相联系、互相依存、互相转化，就像绕着圆环转，无始无终，没有穷尽。

孙武对奇正的阐述，非常精辟、透切、精彩，无须再累赘解释，足以阐明战争的复杂性，战场的多变性，战略战术运用的多样性。战争是一门高深的学问，学之不完，用之不尽。

通常说，奇正包含如下的意思：军队部署方面，警戒、守备为正，集中机动为奇；嵌制为正，突击为奇。作战方式方面，正面攻击为正，迂回侧击为奇；明攻为正，暗袭为奇。按一般原则作战为正，根据具体情况采取特殊的方法作战为奇。例如，正常行军的大部队为正，派在前面的警戒部队（小组）为奇。

经过几十年的战争，我军积累了丰富的作战经验，奇正运用出神入化。以《军事天地》刊登的中印局部战争为例：

1962年，正是中苏关系紧张时期。美苏出于亚洲战略需要，大力扶持印度。当时，印度政府接受了苏联的13个陆军师、2个空军师的全套武器援助。英美以及北约成员国也给了18个步兵旅的美式装备。还由苏联专家团专家亲自训练印度武装部队。印度首脑尼赫鲁忘乎所以，以为“超级亚洲”的梦想实现，于是撕毁了与中国签署的“和平边境互不侵犯条约”，3个王牌主力旅越过中印交接的“麦克马洪线”，对中国挑起武装冲突。

驻扎在该处的中国边防军不足500人，而先期抵达的有印军第一旅6000人，而且一式的苏制编制。开始，守备的中国军队哨所边打边撤离，边提出警告（正）。印军利令智昏，挑衅不断升级。

中国主权不容侵犯，忍无可忍，自卫反击战打响了。

中国军队快速部署，12 天集结了 1 个军团 3 万人（奇）。采用小部队出击，引导印军 3 个旅进入预设的伏击圈（正），并且快速歼灭了其中一个旅的大部（奇）。当其余的印军后撤的时候，中国军队一支快速分队已经翻越了被认为根本不可能翻越的大雪山，对印军实施拦击（奇）。此时，印军还在作着靠武器打败中国的美梦。

当印军的补给线完全被中国军队切断后，印军大面积溃散了。中国军队抓住战机，集中兵力打歼灭战（奇）。短短 8 个小时，就把印军号称“东亚 1、2 旅”的 2 支主力部队全歼。此时，面对潮水般的中国大军，印度本土军队剩下的不足一万人了。

中印局部战争，中国以奇正交织的战法，击败了当时世界上两大军事集团支持的印度。这在世界战争史上，是难得一见的奇迹。

正合奇胜，是军事上的一种战术谋略，是“造势”的一种表现。下一个阵图，则集中讲“势”了。

第二十阵　“择人而任势”

——《势篇》二阵图

择人而任势

激水之疾，至于漂石；鸷鸟之疾，至于毁折；势彍弩，节如发机；如转圆石于千仞之山，势。

善战者，其势险，其节短。

斗乱而不可乱，形圆而不可败。

形之，敌必从之；予之，敌必取之；以利动之，以卒待之。

善战者，求之于势，不责于人，择人而任势。

上述思想，孙武没有集中于文章的某一段阐述，而是融进了全篇各个段落中。如果对全篇不能透彻地理解，那么上述思想是比较难归纳和提炼出来的。这是《势篇》与其他篇章不同之处，也是学习的难点。

“势”是什么？文中讲“势”有三：“激水之疾，至于漂石者，势也”，“势如彍弩”，“如转圆石于千仞之山者，势也”。就是说所谓“势”，湍急的奔流能够冲走石头，就是势；已经拉满弦、即将发射的弓，那种紧张、险峻的气氛，就是势；转动的圆石从万丈的高山上滚下来，就是势。孙武用奔流的水、张开的弓、滚动的圆石三种物质运动过程所产生的能量作比喻，形象地解释“势”。说白了，就是物质运动的气势、气魄。

“势”是靠人去造的，靠指挥员去创造。本篇最后一段提到“择人而任势”问题，即选择人才，利用他们去创造有利的态势，这是关键，是最重要的事情。那么，选择什么人才呢？回过头来看全文，不难看出其中的观点：要选择那些能统帅、治理、控制军队，“斗乱而不可乱”、“形圆而不可败”的指挥员；选择那些充满智慧，指挥有序，能够出奇制胜，能够制造险峻的态势，抓住时机，出其不意，攻其无备的指挥员；选择那些能够通过“形之”、“予之”、“利之”、“卒之”的谋略，即会以假象迷惑、投其所好引诱、小利调动、重兵对待的谋略战胜敌人的指挥员。说到此，如何“造势”不言而喻了。

一支军队没有气势，不能打胜仗；没有出色的会“造势”的指挥员，也不能打胜仗。几十年的革命战争，我军就是凭着压倒一切敌人的英雄气概，凭着一大批身经百战的指挥员，赢得了许许多多惊心动魄的战争。回顾邓小平指挥的西沙之战，是“势”的胜利，“造势”的胜利。

早在 1973 年 8 月，南越西贡当局非法侵占我国南沙、西沙的 6 个岛屿。次年 1 月中旬，4 艘军舰窜入西沙永乐群岛海域挑衅，并派兵强占我方三个岛屿。邓小平和其他军委领导，部署了狠狠打击敌舰和收复三岛的军事行动。

投入战斗的我军 4 艘舰艇和敌军 4 艘军舰对比，我们 4 艘舰加起来总吨位还不如对方最大的一艘舰。敌军舰大炮大，装备实力悬殊，根本不把中国军舰看在眼内，而且突然向我军开炮轰击。

面对挑衅，我军根据双方的装备情况和战场态势，采取编队近战手段给予还击。4艘舰艇分开两队高速驶近敌舰，以二击一，灵活运用“集中优势兵力打歼灭战”的原则，在近战中最大限度地发挥自己的优势。敌舰的远程火炮发挥不了威力，很快完全被打乱了阵脚。敌指挥舰的主炮、指挥通讯设施被摧毁，拖着滚滚浓烟逃跑。一艘敌舰的弹药舱被打中，顷刻爆炸起火。我军的舰艇坚持“贴身”近战，一轮炮火猛轰，终于把这艘敌舰击沉。其余两艘见势不妙，落荒而逃。随后，我军乘胜追击，收复三岛。

西沙之战，我军取得了全胜。这一仗，充分体现了我军指挥员的指挥艺术，以及指战员压倒一切的大无畏气概。

重温《势篇》，夺取“全胜”的临战前谋略，既要创造“形”，也要创造“势”，有形有势，才能压倒一切，战胜一切。

本篇的开头，孙武讲了“奇正”，也提到“虚实”，但只阐述“奇正”谋略，却没有阐述“虚实”，留下了伏笔。了解“虚实”谋略是什么回事，请读下一篇《虚实篇》。

第六篇　虚实篇

孙子曰：凡先处战地而待敌者佚，后处战地而趋战者劳。故善战者，致人而不致于人。

能使敌自至者，利之也；能使敌不得至者，害之也。故敌佚能劳之，饱能饥之，安能动之。

出其所不趋，趋其所不意。行千里而不劳者，行于无人之地也。攻而必取者，攻其所不守也；守而必固者，守其所不攻也。

固善攻者，敌不知其所守；善守者，敌不知其所攻。

微乎微乎，至于无形，神乎神乎，至于无声，故能为敌之司命。

进而不可御者，冲其虚也；退而不可追者，速而不可及也。故我欲战，敌虽高垒深沟，不得不与我战者，攻其所必救也；我不欲战，虽画地而守之，敌不得与我战者，乖其所之也。

故形人而我无形，则我专而敌分；我专为一，敌分为十，是以十攻其一也，则我众而敌寡；能以众击寡者，则吾之所以战者，约矣。吾所与战之地不可知，不可知，则敌所备者多；敌所备者多，则吾所与战者，寡矣。

故备前则后寡，备后则前寡，备左则右寡，备右则左寡，无所不备，则无所不寡。寡者备人者也，众者使人备己者也。

故知战之地，知战之日，则可千里而会战。不知战之地，不知战之日，则左不能救右，右不能救左，前不能救后，后不能救前，而况远者数十里，近者数里乎？

以吾度之，越人之兵虽多，亦奚益于胜败哉？！

故曰：胜可为也。敌虽众，可使无斗。

故策之而知得失之计，作之而知动静之理，形之而知生死之地，角之而知有余不足之处。

故形兵之极，至于无形；无形，则深间不能窥，智者不能谋。

因形而错胜于众，众不能知；人皆知我所以胜之形，而莫知吾所以制胜之形；故其战胜不复，而应形于无穷。

夫兵形像水，水之形避高而趋下，兵之形避实而击虚，水因地而制流，兵因敌而制胜。故兵无常势，水无常形，能因敌变化而取胜者，谓之神。

故五行无常胜，四时无常位，日有短长，月有死生。

第六篇《虚实篇》逻辑地阐述“避实击虚”谋略，因果地回答“避实击虚”的问题。全篇设计了两个阵图。

第二十一阵　“避实而击虚”

——《虚实篇》一阵图

避实而击虚

致人而不致于人。利之，害之，劳之，饥之，动之。

出其所不趋，趋其所不意。攻：攻其所不守；敌不知其所守；攻其所必救。守：守其所不攻；敌不知其所攻。进：冲其虚。退：速而不可及。

形人而我无形。我专而敌分；以十攻其一；以众击寡，胜可为。

本篇中心是什么？文章前面没有点明。然而，既是军事又是文学巨匠的孙武，落笔就干脆利索地进入“战场”。

首段，他明确指出，谁先进入阵地，谁就争取到休整时间，赢得主动；后面匆匆进入者，不免疲劳。善于指挥作战的人，能够调动敌人而不被敌人调动。他们总是采取以利引诱，或设置障碍阻止，或以使其疲劳、饥饿、骚动的办法，调动敌人。避开敌人实力强盛之处，调动敌人，攻击敌人虚弱之处，这就是避实击虚。

接着，他阐述了两个思想：一个是出其不意，攻其不备的思想。通过逻辑地阐述攻守进退，说明善于指挥作战的人，能够主宰敌人的命运，让敌人看不见，听不到，摸不着。另一个是“形人而我无形”思想。敌人无法了解我军，而我军却能一清二楚地把握敌人，从而做到集中优势兵力，以十攻一，以众击寡。敌军虽多，却首尾、前后、左右不能相顾，失去战斗力。孙武不厌其烦的阐述，其实都是避实击虚谋略的运用。

避实击虚谋略表现种种，就调动敌人、击其薄弱来说，我军各级将领深谙此道。彭德怀元帅是我军十大元帅中惟一的一位直接指挥过土地革命战争、抗日战争、解放战争，以及抗美援朝战争的功勋元帅。他成功之处在于灵活地运用战略战术，以少胜多。他在西北战场上指挥的蟠龙战役和宜川战役堪称典范。他的指挥艺术出神入化。

1947 年 3 月，23 万敌军向陕甘宁边区发动进攻。由于敌我力量悬殊，党中央主动撤离延安。西北人民解放军在彭德怀、贺龙领导下，采用调虎离山之计，集中兵力围歼敌人。

首先，我军利用伏击战，打了两个胜仗。3 月底、4 月上旬，在青化砭和瓦窑堡蟠龙大道两侧高地，分别歼灭了敌军 31 旅和一个团，以及敌 135 师。令敌人晕头转向。

4 月下旬，彭德怀决定调动敌人主力，伺机歼敌。他命令 359 旅一部和每个旅抽调的一个排，配合绥德军分区部队，装成我军主力，节节抗击敌 9 个旅，并沿途丢弃一些各部的臂章、符号等，造成我军主力在佳县、吴堡地区欲渡黄河的假象。敌军果然中计，主力被调走了，在给养集结地蟠龙只有一个旅把守。彭德怀挥师南下，直取蟠龙。3天的激战，全歼守敌167旅6000多人，缴获大批武器装备。妙哉蟠龙战役！我军摆脱敌军主力的追击，从容休整，又解决了当时极端困难的物资补给。

翌年1月，胡宗南的两个整编师集结洛川，不敢轻举妄动，只派一个旅的兵力守宜川。彭德怀决定再次使用调虎离山之计。他分析认为，胡宗南不会轻易放弃宜川重镇，我军攻打宜川，他一定会命令洛川军队增援的。于是，我军在距宜川30里的瓦子街一带公路南北山岭，布了一个口袋阵歼灭敌军。不出彭德怀所料。1月28日，敌方援军果然进入我军的“口袋”。3月1日下午，敌援军全部被歼。3月3日，我军攻克宜川。宜川战役，共歼灭胡宗南1个整编军部、2个师部5个旅2.9万多人。

在西北战场上，我军以2万多人战胜了20多万敌军。尤其蟠龙战役和宜川战役后，进攻陕甘宁边区的敌人，不敢轻举妄动了。这两个战役，运用的都是调虎离山的谋略。不同的是前者是引虎离山，然后打虎仔；后者，先打虎仔，引虎出动，打死老虎，再打虎仔。

善于调动敌人，是一门指挥艺术，能够调动敌人而不被敌人调动，实际上掌握了战争的主动权。这是指挥员高明之所在。

“避实击虚”是作战用兵的基本规律。如何灵活运用它呢？下一阵图将给予回答。

第二十二阵 “因敌而制胜”

——《虚实篇》二阵图

因敌而制胜

策之而知得失之计，作之而知动静之理，形之而知死生之地，角之而知有余不足之处。

形兵之极，至于无形。战胜不复，形于无穷。

因敌而制胜。

如果说，孙武有意在前面介绍“避实击虚”的原理，让人们知其然的话，结尾两段，则是他刨根究底，让人们知其所以然了。

为什么能够灵活运用“避实击虚”谋略？就是因为采取了“策之”、“作之”、“形之”、“角之”的办法，即采取筹算一下、尝试一下、侦察一下、小战一下的办法，一方面把握敌情，另方面使我军用兵技巧变化无穷，达到敌人无法知道我们的行动规律、“形兵之极，至于无形”的最高境界。所以，他得出结论说："胜可为也。"

最后，孙武用水流、五行、四时、日月的变化，进一步强调“因敌制胜”，表述兵法无常的观点。“避实击虚”的原则，是“因敌制胜”具体体现。什么叫用兵如神？他说，根据敌情变化而取胜，就是用兵如神。

经过几十年战争锻炼和考验的我军将领，个个都称得上用兵如神。不妨以1948年5月的晋中战役为例，看看我们徐向前元帅打仗的精明之处。

盘踞山西的土皇帝阎锡山以滑头著称。自临汾战役后，龟缩在晋中平原和太原城，凭借坚固的工事负隅顽抗。

负责指挥这场战役的是我晋冀豫鲁军区第一副司令员徐向前。他明白，晋中战役的关键，是将阎军主力诱调到晋中平原上来，使其脱离防御据点，从而在运动中歼灭之。他设下圈套，以利诱敌人上当。

当时正是麦收季节。徐向前料定敌人必然出来抢粮，于是先派出一支地方部队伪装成主力，征集船只，佯装出渡黄河挺进西北，参加西北作战。阎锡山以为我军不会进军晋中，嘲笑我军指挥失当，还在幕僚面前自我吹嘘。接着，徐向前又故意派一个旅进入晋中，做出保护群众麦收的姿态。徐向前的“策之”、“作之”、“形之”、“角之”办法，果然使阎锡山中计。他以为捡了个便宜，立即派出精锐的“亲训师”为主力，组成“闪击兵团”，离开据点，向我进入晋中之旅分进合击，妄图一口吃掉。敌人得意忘形。岂料我军主力突然攻入晋中平原，包围并歼灭“闪击兵团”16000多人。

阎锡山不甘失败，集中兵力，步步为营，并依附铁路，构筑工事，相互支援，企图把我军挤出晋中。徐向前认真分析敌情，再次施以妙计。先派出一股部队，昼夜兼程北上，深入敌后，破坏铁路、桥梁。同时，在铁路西面布置了一个“口袋”。敌人见通往太原的铁路被截断了，惊慌地沿着铁路线突围。我军前堵后逼，终于使敌军掉进了我军重兵预设的“口袋”，在长约10公里，宽不到5公里的地段遭到全歼。

晋中战役，徐向前仅用6万兵力，一举歼敌10多万人，成为我军历史上“因敌制胜”、“避实击虚”的又一典型战例。

《虚实篇》讲的是临战前要把握“避实击虚”、“因敌制胜”的用兵作战规律。这是孙武两个主要的战略思想，两者相互联系，相辅相成。一句话，就是根据敌情，本着避实击虚的作战原则调动敌人，集中兵力歼灭之。那么，一旦两军对垒之时，又要把握那些基本战略原则呢？第七篇《军争篇》将给予交代。

第七篇　军争篇

孙子曰：凡用兵之法，将受命于君，合军聚众，交和而舍，莫难于军争。军争之难者，以迂为直，以患为利。故迂其途，而诱之以利，后人发，先人至，此知迂直之计者也。

故军争为利，军争为危。举军而争利，则不及；委军而争利，则辎重捐。是故卷甲而趋，日夜不处，倍道兼行，百里而争利，则擒三将军，劲者先，疲者后，其法十一而至；五十里而争利，则蹶上将军，其法半至；三十里而争利，则三分之二至。是故军无辎重则亡，无粮食则亡，无委积则亡。

故不知诸侯之谋者，不能豫交；不知山林、险阻、沮泽之形者，不能行军；不用乡导者，不能得地利。

故兵以诈立，以利动，以分合为变者也。

故其疾如风，其徐如林，侵掠如火，不动如山，难知如阴，动而雷震。

掠乡分众，廓地分利，悬权而动。

先知迂直之计者胜，此军争之法也。

《军政》曰："言不相闻，故为鼓金；视不相见，故为旌旗。"夫鼓金旌旗者，所以一人之耳目也；人既专一，则勇者不得独进，怯者不得独退，此用众之法也。故夜战多火鼓，昼战多旌旗，所以变人之耳目也。

故三军可夺气，将军可夺心。是故朝气锐，昼气惰，暮气归。故善用兵者，避其锐气，击其惰归，此治气者也。以治待乱，以静待哗，此治心者也。以近代远，以佚待劳，以饱待饥，此治力者也。无邀正正之旗，勿击堂堂之阵，此治变者也。

故用兵之法，高陵勿向，背丘勿逆，佯北勿从，锐卒勿攻，饵兵勿食，归师勿遏，围师遗阙，穷寇勿迫，此用兵之法也。

《军争篇》是临战前谋略序列的末篇，主要介绍临战的两军一旦进入对垒时刻，实施最有效、最能达到胜利日的的谋略。本篇设置四个阵图。

第二十三阵　“迂直之计”

——《军争篇》一阵图

迂直之计

以迂为直，以患为利。

迂其途，而诱之以利，后人发，先人至。

本篇开头与前篇相似，都是以抢占战略位置提出问题的，论述的中心却有所不同。前篇说的是掌握战争的主动权，本篇则说争取先机问题。其实，两者都是避实击虚谋略的具体运用。

抢占战略位置，争取先机，最难的是“以迂为直”，“以患为利”。即把弯路变为直路，把不利条件化为有利条件。其实，迂与直是辩证的统一。表面上是人为地走弯路，实际上是摆脱敌人牵制，乘虚而入，夺取战略要地，取得先机，变为直路了。如何实施此计？办法有二：一是有意绕道迂回；二是以小利诱之，迟缓敌军的行动，从而达到我军后出动而先到达有利位置的目的。孙武分析随军携带装备、辎重，指出军争既有有利的一面，也有不利的一面。正如开头所说的，军争虽难，但也是用兵的规律之一。

“迂直之计”争取先机的战例，比比皆是。

1947 年下半年是解放战争转折点。中国人民解放军转入了全国规模的全面进攻。在东北战场上，东北野战军继夏季攻势后，9 月，发动了规模更大的秋季攻势。东北民主联军第 3 纵队正在沈阳以东、以北地区协同兄弟部队作战之时，纵队司令员韩先楚接到“东总”命令，要求抓住战机，歼灭国民党 53 军 116 师。

当时，敌 116 师在威远堡、郜家店、拐磨子、西丰一带，自西向东组织防御，师部设在最西侧的威远堡。另外两个师 分别驻守在开原以东及东北，与 116 师互成犄角。韩先楚分析认为，敌人摆出“一字长蛇阵”防守，目的是保卫威远堡，发动全面进攻不容易。他主张采取“掏心”战术，远距离渗透，奔袭威远堡，首先打乱其指挥中枢切断主力后路，同时，以一部分兵力分割围歼郜家店、西丰守敌，诱敌出援或迫敌突围，力争在运动中歼敌。“东总”采纳了他的意见。

同年 10 月 1 日，我军部分兵力在郜家店、西丰佯动的同时，大部队则采取“迂直之计”，隐蔽急进 120 公里，长途奔袭威远堡。敌人做梦也想不到我军来上这一着。当我军从天而降之时，全线的敌人乱了阵脚，顾此失彼，指挥瘫痪，一盘散沙。此仗，激战 28 个小时，全歼敌 116 师，俘敌师长、副师长、参谋长以下 6300 人，是东北我军秋季攻势歼敌最多的一仗，也是打得最干净、最漂亮的一仗。被俘的敌师长无奈地说："我估计你们打西丰，最厉害可能打部家店，没想到你们打到威远堡来了。"

"迂直之计"最能收到出其不意，攻其不备的效果，奔袭威远堡就是实证。

实施"迂直之计"争取先机，是讲条件、讲原则的。请看下一阵图如何讨论这些问题。

第二十四阵 “军争之法”

——《军争篇》二阵图

军争之法

不知诸侯之谋者，不能豫交；不知山林、险阻、沮泽之形者，不能行军；不用乡导者，不能得地利。

以诈立，以利动，以分合。

其疾如风，其徐如林，侵掠如火，不动如山，难知如阴，动如雷震。

掠乡分众，廓地分利，悬权而动。

文中，孙武明确提出了实施“军争之法”争取先机的三个条件和三条原则：

三个条件就是指“三不能”。即不知诸侯的战略意图，不能与其结交；不知山林、险阻、沼泽的地形，不能轻易行军；不重用乡导，则无法了解有利的地利。

三条原则，就是指用兵原则、用兵行动原则和利用敌国资源的原则。用兵原则为“三以”，即用兵打仗，须以诡诈取胜；以利益驱动；以敌情和地形的不同，采取灵活机变战术，或集中优势兵力或分散使用兵力。用兵行动原则：快如疾风，缓如森林，攻如烈火，不动如山，隐如阴天，动如雷霆。利用敌国资源的原则：掠乡分众，廓地分利，悬权而动。孙武强调说，这些就是“军争之法”制胜的基本条件和法则，谁先懂得，谁就能取得胜利。

以计谋和灵活的战略战术取胜为例。

1947 年夏秋，刘伯承、邓小平领导的晋冀鲁豫野战军 4 个纵队几十万大军强渡黄河，挺进大别山。刘、邓如何指挥部队突破黄河天险?

首先选准渡河地点。经过调查分析，他把我军渡河的地点选定在鲁西南的濮县至东阿之间。这里河宽水深，可以说是真正的天险河段，敌人做梦也想不到我军会在这里渡河，曾扬言凭这一天险，足可抵御 40 万大军。于是，只在南岸分别构筑了滩头阵地和野战工事，仅用 2 个师扼守河防，另一个师摆在嘉祥地区作机动，力量相对薄弱。

采用声东击西的谋略。渡河作战发起的前几天，他以太行、冀南军区部队伪装主力，在豫北发起进攻；以豫皖苏区部队向开封以南地区，佯装攻势以转移敌人视线；我野战军主力则隐蔽地、神速地从豫北开赴渡河地点，并派出冀鲁豫军区部队事先偷渡，以接应主力南渡。

6 月 30 日夜，我军豫北和豫皖苏两个战场虚张声势，积极行动，敌人的视线已经转移到这两个地区。我军在濮县至东阿横宽 300 里的河段上，突然发起了渡河作战。在预先偷渡的南岸部队的接应下，在当地群众的支持下，我军 1、2、3、6 等 4 个纵队共几十万大军，强渡成功，一举突破黄河天险。敌人河防部队立即全线崩溃。

刘邓大军如此迅速、全面地突破黄河天险，敌人也感到莫明其妙。被俘的两个师长感慨地说："这么宽的河，又有重兵把守，解放军到底是怎样过的？""河防是我们55师把守的。也不知怎么的，解放军一下子就过了河，我们想抵抗也抗不住，只好撒腿就跑。""刘伯承将军真是天下奇才！"

刘邓大军采取声东击西，诡诈取胜，快如疾风，动如雷霆，变迂为直，变患为利，出其不意，攻其不备，取得了先机，赢得了突破天险的胜利。强渡黄河，挺进大别山。从此，揭开了我军由内线作战转为外线作战，由战略防御转入战略进攻的序幕，扭转了整个战场形势。

了解实施"迂直之计"争取先机的条件、原则，如何去实施"迂直之计"，争取先机？孙武讲了三个方法，第一个方法是用众之法，即懂得用鼓金、旌旗、火光指挥军队。这个方法已不适合现代战争了，但强调加强军队通讯指挥的观点，对现代战争来说，同样非常重要的。下面两个阵图介绍第二、三个方法。

第二十五阵 “四　治”

——《军争篇》三阵图

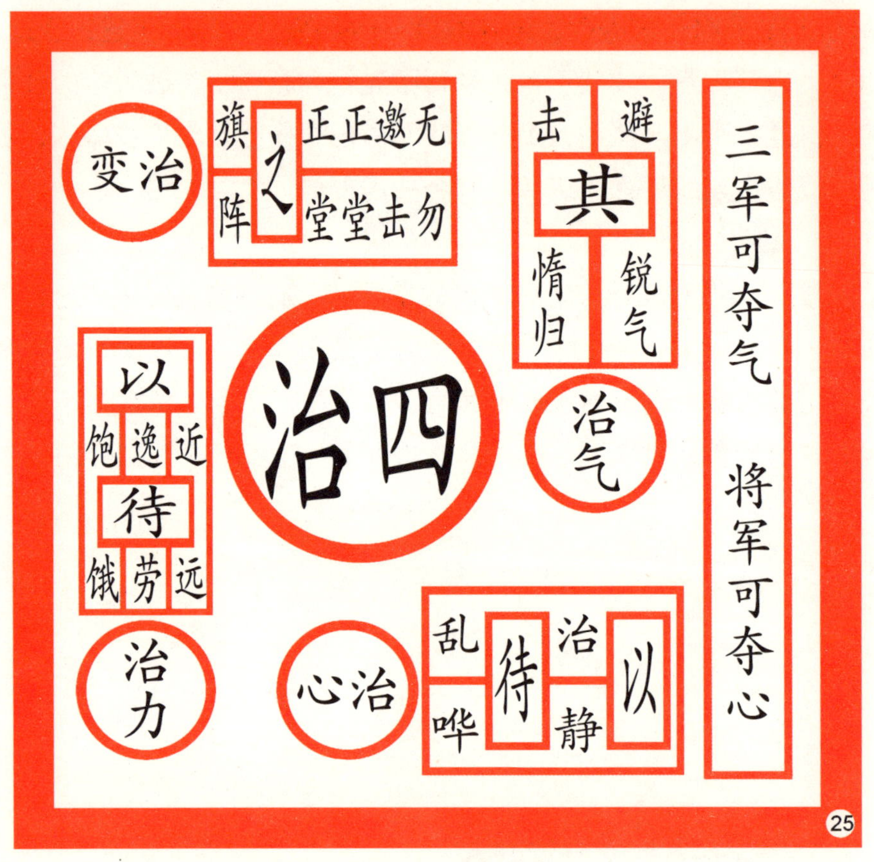

四　治

三军可夺气，将军可夺心。避其锐气，击其惰归，治气。以治待乱，以静待哗，治心。以近待远，以逸待劳，以饱待饥，治力。无邀正正之旗，勿击堂堂之阵，治变。

先看第二个方法。

孙武阐述统一号令、统一指挥后，指出对待敌人要用治气、治心、治力、治变的“四治”方法，打击敌军的士气，扰乱敌军指挥员的决心，才能更好地争取到先机。

所谓治气，就是避开敌人锐气，待他们士气懈怠、衰竭的时候，再发动攻击。所谓治心，指以我军的严整有序，对待敌军的混乱无序；用我军的沉着镇静，对付敌军的喧哗浮躁。所谓治力，指我军接近战场，等待远道而来的敌人；以我军的安逸休整，对待疲于奔命的敌人；用我军的充足粮饷，对待饥饿不堪的敌人。所谓治变，指不去攻击旗帜鲜明、队列雄壮的敌军，也不要去攻打阵容强大、实力雄厚的敌军，而要掌握灵活机动的作战方法。

用“四治”的谋略对付敌人，获取先机，在解放战争的三大战役中，以平津大决战运用最灵活、最突出。

继辽沈战役胜利结束和淮海战役打响后，东北野战军挥戈入关，按照毛泽东的战略部署，与华北两个兵团一起，把国民党华北“剿匪”总司令傅作义指挥的60多万国民党军队，分割包围在北平、天津、张家口等五个据点。1948年11月，平津战役的序幕揭开了。

毛泽东对傅作义很了解，知道他与蒋介石矛盾很深，不同于蒋的嫡系部队将领，在抗日战争中为民族立过功，为人正直，有头脑，也曾一度拥护我党抗日的主张。于是，采取既消灭他的基本力量，又逼他起义投降的策略。

从1948年10月25日起，毛泽东独具匠心地运用了新闻武器，每隔一天为新华社写一篇电讯稿。这些短少精悍的文章，先声夺人，字里行间表达了我军聚而歼之的决心与气势，起到了“治心”的效果。另一方面，通过“先打两头、后取中间”的作战部署，实施军事打击。从12月22日开始至来年的1月14日，先后围歼了新保安、攻克了张家口，彻底孤立了北平，迫使傅作义接受我方的和谈条件。

毛泽东把傅作义看透了。全歼新保安、张家口之敌后，公布了包括傅作义在内的43名“战争罪犯”名单，从军事上和心理上进一步施加压力。我地下党统战人士对傅作义加紧做工作，分析局势，晓以民族大义。天津解放后，傅作义精神彻底垮了。

为了达到和平解放北平的目的，我军集中90万兵力对北平形成了层层包围，使25万北平守军陷入欲战不能，欲逃无路的绝境。

接着，我方提出了和平解放的条件：自动放下武器，保证不损坏文化古迹，不杀害人民群众，不破坏公共财产等，给傅作义留了一条生路。经我方持续不懈的政治争取以及多方面的工作，傅作义终于接受了和平改编。

军事威慑，政治争取，心理施压，大势所迫，这是我军取得和平解放北平胜利的因素，也是用兵“四治”谋略取得胜利的典范。

在争取先机的具体方略上，应该怎样做呢？下一个阵图将作介绍。

第二十六阵　“八　法”

——《军争篇》四阵图

八　法

高陵勿向，背丘勿逆，佯北勿从，锐卒勿攻，饵兵勿食，归师勿遏，围师遗阙，穷寇勿迫。

再看第三个方法。

实施用兵“八法”来对付敌人。即敌人占领高地，不宜去仰攻；对背靠高地的敌人，不去正面攻击；敌人假装退却，不去跟踪追击；敌人的精锐，不去进攻；敌人的诱惑，不要上钩；敌人退回本国，不要拦阻；敌人被包围，留个缺口；敌人陷于绝境，不要过分追逼。

分析上述八条法则，无论对使用刀枪剑戟的冷兵器时代战争来说，还是现代战争，都具有积极的意义。前五条法则，指挥员不能不懂得。敌人占领了制高点，易守难攻，当然不能攻击；明明知道敌人是假装撤退，还有军队埋伏在后，或者有意诱惑你进攻，当然不要上当追击；对于精锐之师，或比自己实力强大的敌人，在进攻时必须慎重，能打则打，打不赢的，千万不要勉强去打。后面三条法则，则是孙武谋略充分的体现。战争的法则告诉我们，战争是残酷的、无情的，为了达到全歼敌人的目的，必须不择手段。退回本土、退回家乡的敌人，必然拼死相搏的。陷于绝境的敌人，就会垂死挣扎，狗急跳墙。对这伙敌人如果没有更大的军事意图，歼灭他们时，必须考虑保存自己。至于给围歼的敌人留个缺口，目的是把敌人引进己方预设的包围圈，有利于全歼敌人。

根据孙武“因利制权”、“兵者，诡道也”、“攻其无备，出其不意”、“知彼知己，百战不殆”、“十则围之，五则攻之”、“因敌制胜”、“避实击虚”、“致人而不致于人”等思想，战争问题是复杂的，运用什么样的谋略，也是根据战场上的实际情况而决定的，没有固定的法则。1947年5月，在孟良崮战役中，陈毅司令员指挥的华东野战军一举歼敌3.2万人，吃掉了蒋介石的整编74师，就是一个从敌人精锐部队入手的精彩战例。

整编74师，是蒋介石的宠儿，全美械装备，蒋五大主力中的主力之一，国民党的王牌部队。蒋介石为了把这支嫡系部队培养成“模范军”，训练成“精锐之师”，倾注了许多心血。师长张灵甫战功卓著，深受蒋介石器重，嚣张狂言：“把陈毅赶进东海里喂鱼去！”

按以往的战例，我军往往先攻其薄弱的军队。但在孟良崮战役中，为什么陈毅司令员偏偏把该74师作为进攻的重点呢？其一，蒋介石的重点进攻尽管气势汹汹，但我军灵活机动，耐心等待战机。当敌第一兵团司令官没有与其他两个兵团统一行动，便指挥所属的 8 个整编师向我沂水、坦埠方向进攻，同一天，急功近利的 74 师在左右两翼两个师配合下，也向坦埠扑来。战机来了！因为我主力正位于坦埠及其两侧地区，可出其不意集结数倍于敌的兵力加以围歼，完全可以打有把握之仗。其二，74 师是敌军骨干，我军来个"擒贼擒王"，击其主力，其阵线即溃。我军开始进攻时，张灵甫还满不在乎，以为只是小部队夜袭，命令部队照旧执行进占坦埠的计划，就此陷入了我军包围圈。其三，我军部署采取正面突击，分割两翼，断敌退路，四面包围和阻击南北各部援敌的战法，迎敌 74 师于坦埠以南、孟良崮以北地区，将其从敌人重兵集团中割裂出来，予以围歼。

战事按照我军的部署方向发展。从 1947 年 5 月 13 日晚开始，至当月 16 日下午结束，经过三天三夜的拼杀，孟良崮战役全线告捷，国民党整编 74 师被歼，不可一世的张灵甫被我军当场击毙，应验骄兵必败的必然结局。

在战争中，临战前谋略关系战争胜负，非常重要。这部分是《孙子兵法》的重点、难点，要透彻理解。按战争进程，进入作战过程阶段，这一序列应该实施什么谋略呢？孙武用 3 篇的篇幅阐述。让我们沿着他的思路，继续追寻他那伟大的战略思想足迹。

第八篇 九变篇

孙子曰：凡用兵之法，将受命于君，合军聚众，圮地无舍，衢地交合，绝地无留，围地则谋，死地则战。

涂（通“途”）有所不由，军有所不击，城有所不攻，地有所不争，君命有所不受。

故将通于九变之利者，知用兵矣；将不通于九变之利者，虽知地形，不能得地之利矣；治兵不知九变之术，虽知五利，不能得人之用矣。

是故智者之虑，必杂于利害。杂于利，而务可信也；杂于害，而患可解也。

是故屈诸侯者以害，役诸侯者以业，趋诸侯者以利。

故用兵之法，无恃其不来，恃吾有以待也；无恃其不攻，恃吾有所不可攻也。

故将有五危：必死，可杀也；必生，可虏也；忿速，可侮也；廉洁，可辱也；爱民，可烦也。凡此五者，将之过也，用兵之灾也。覆军杀将，必以五危，不可不察也。

第八篇《九变篇》其实是《军争篇》的继续和补充，回答的仍然是如何实行“迂直之计”的问题。不同的是前者说的是临战前的谋略，争取先机；后者则是作战过程中的谋略，临机应变。全篇设计三个阵图。

第二十七阵 “九 变”

——《九变篇》一阵图

九 变

圮地无舍，衢地交合，绝地无留，围地则谋，死地则战。

途有所不由，军有所不击，城有所不攻，地有所不争，君命有所不受。

将通于九变之利，知用兵。

开篇的文字与前篇一样，申明阐述的是用兵法则。本篇所说的是在出征时，遇到五种地区、五种情况，都要临机应变，变通处置，千万不可墨守成规，一成不变。五种地区下的应变是指：行军到了山林险阻沼泽难行的“氾 地”，一定不能宿营；到了与邻国交界、四通八达的“衢地”，要想方设法与诸侯结交；到了缺乏生存条件或地形十分险恶的“绝地”，一定要迅速通过，不能停留；进入道路狭窄，进退两难，容易被敌人包围的“围地”，应谋划设计尽快离开；陷入前无进路，后有追兵，不战则死的“死地”，必须殊死奋战，以求后生。五种情况下的应变是指：一切从全局利益出发，有的路好走，却偏偏不能走；有的敌军要歼灭，暂时不去歼灭；有的城池需要夺取，暂不去攻取；有的地方虽然重要，暂不去争夺；即使国君的命令，不应该接受的，也不能接受。这就是“九变”。所谓“九”，泛指多；“变”，指变化。“九变”，指根据战场的实际情况，在谋略运用方面必须做到临机应变。

对此，孙武强调说，将帅如果精通以上各种应变运用，就是懂得用兵了。不懂得者，哪怕熟悉地形，也不能取得地形之利。即使知道上述五种情况，也不能调动和发挥军队的战斗力。

实战中，临机应变的实例比比皆是。记得小时候的语文课本，有一篇叫《夜袭阳明堡》的文章，近两年拍的战争大片《八路军》电视剧中，重现了夜袭阳明堡的镜头。

1937 年 7 月 7 日，日军发动了芦沟桥事变。日军依靠其野蛮的武力夺取平津后，向着整个华北及其各地猛烈进攻，山西危急。

日军进攻的重点放在忻口。攻陷雁门关后，10 万日军在飞机、大炮配合下，向忻口逼近。忻口战事非常残酷，由于我方没有制空权，每天被敌人飞机炸死不下千人。

事关忻口战局大事，必须搞清楚敌人的飞机从哪里起飞的？八路军总部接到友军支援的请求，断定敌人在沦陷区修建了简易机场，于是，让正在原平东担负侧击从雁门关向忻口进击敌人的 129 师进行调查。师长刘伯承把任务交给 369 团团长陈锡联，并指示道，这是 129 师第一仗，第一炮一定要打响。部队单独行动，独立自主，机动行事。情况搞不清楚，可以发电报回来，可以一边打一边报，也可以打了再报。也就是说，在上级总的意图下，可以根据战场上千变万化的情况，抓住战机，全面歼敌。希望查明飞机起飞点，可能的话，拔掉它。

陈锡联率领部队到达指定地区后，调查发现敌人的简易机场设在代县阳明堡镇。镇上有敌军师团的一个联队，机场里有守卫部队 200 人。情况摸清后，他果断作出决定：抓住战机，端掉阳明堡机场。1937 年 10 月 19 日晚上，他以两个营的兵力牵制敌人的援兵，并以夜战著称的一个营之兵力，出敌不意地袭击了阳明堡机场，将机场上 24 架敌机全部焚毁，还歼敌百多人。陈锡联在不离开上级总意图的情况下，坚决按照刘伯承的指示，毅然作出决策，取得了夜袭阳明堡的胜利。夜袭阳明堡，非常有影响，给予忻口战役巨大的支持。打那以后，忻口战场不再有袭击的飞机了。夜袭阳明堡战斗，是继平型关战斗、雁门关战斗后，八路军配合国民党军队正面战场打击日军的第三场著名的战斗。这三场战斗，大长了全国抗日军民的志气，大大打击了日军的嚣张气焰，充分体现我军指挥员临机应变，当断则断的指挥艺术。

临机应变，不是随心所欲的变，而应受到一定条件制约。在古代，将帅率领军队，远离君主打仗，路途远，交通、通讯不便，难于请示汇报，而战场的情况又瞬息万变，战机不可失，无法、也来不及请示汇报。因此，“将在外，君命有所不受”还说得过去。但在一般情况下，将受命于君，必须忠于君，服从君命，而且，也必须请示报告，这是纪律。

临机应变，正如上面所说的，受到一定的条件制约，而且，万变不离其宗。哪些“宗”？请看下一阵图。

第二十八阵 “必杂于利害”

——《九变篇》二阵图

必杂于利害

必杂于利害。杂于利，务可信；杂于害，患可解。

屈诸侯以害，役诸侯以业，趋诸侯以利。

无恃其不来，恃吾有以待；无恃其不攻，恃吾有所不可攻。

孙武的思想严密，兵法非常严谨。临机应变的话锋一转，抓住了要害、主攻目标和方向。这就是：

聪明的将帅思考问题时，必须兼顾利害两个方面。处于不利的情况时，看到有利的因素，才能提高胜利的信心；在顺利的情况下，充分考虑到不利的因素，才能解除各种可能产生的祸患。他还说，要懂得调动和支配诸侯，用计谋伤害、用任务劳役、用小利引诱，使他们的力量不能施展，为我所用。他提醒将帅，千万不要抱侥幸心理，不要寄希望于敌人不来侵犯，要立足于自己做好准备；不要指望敌人不来进攻，而要依靠自己坚固的防守，攻不可破。他强调说，这是用兵的法则。

孙武这些论断，是全面看问题的两点论观点。任何时候、任何情况下，都要从两个方面出发，既要考虑取得的成绩，又要考虑存在的问题；既要考虑顺利的一面，又要考虑困难的一面；顺境看到不足，逆境看到光明。干工作是这样，打仗更应这样，才能永不泄气，永不言败。凭己方力量总是有限的，懂得借助别人的力量，才能取得更大的成功。骄傲自满、侥幸心理，都是错误的，保持高度的警惕性，做好自己的事情，才是立于不败之地的保证。

战场上，懂得杂利害于思的指挥员很重要。从抗日战争相持阶段贺龙指挥晋察冀边区的陈庄一战，可以尽睹贺龙思考缜密和高超的指挥艺术。

1939 年 9 月，日寇对我边区实行“秋季大讨伐”。日军旅团长少将水原苦心经营，实施所谓“山地讨伐的进步战术”。敌第 31 大队田中省三大佐曾作为水原的游刃“牛刀子”，他率军 1500 多人，采取声东击西、避实击虚的轻装奔袭战术，侵占边区商业、交通要地陈庄，妄图一举深入晋察冀边区腹地，消灭我根据地领导机关和后方设施，在“秋季大讨伐”中建功。当时，冀中贺龙率领的 120 师，部分部队奉命开赴陕北，保卫陕甘宁边区，部分留在冀中，坚持平原游击战。主力则西移晋察冀边区的冀西地区。主力抵达后，贺龙立刻和晋察冀边区司令员聂荣臻、抗大副校长罗瑞卿一起研究军情。贺龙分析认为，120 师主力部队悉数结集此地，一是大大增强了边区军民粉碎敌人“秋季大讨伐”的信心；二是我军有 6 个团的优势兵力，这是水原始料不及的；三是敌人大举北犯，向我纵深盲目发展，必然会陷入孤立失援的困境。

我军完全有条件运兵布防，在运动中吃掉这股敌人。贺龙“必杂于利害”的分析，聂、罗两人十分赞同，并请贺龙全权指挥陈庄战斗。

经过实地考察研究，贺龙作了第一个部署：诱敌深入，打伏击战。狡猾的敌人没有上当，摆出假撤军假象，其1100多人的主力沿小路占领了陈庄。对此，贺龙认为，鬼子孤军深入，在陈庄没有捞到什么，必定不会久留，会很快撤回去。这是歼敌的好时机。他根据以往敌人运动规律作分析估计，敌人不会走原路回撤，最大可能由陈庄向东撤，因为这是一条捷径，又能得到自己军队的接应。于是，他作了第二个部署，布置了一个口袋。这个口袋，有阻击、尾追的，有打伏击的，有防止从原路撤退的，有阻止敌方增援的，总之，把敌人诱进打伏击的口袋里，集中主力歼敌于运动战中。占领陈庄乐不可支的田中省三，做梦也想不到他们所谓的新战术，已送到贺龙张开的口袋里，奔袭陈庄的敌第31大队主力已陷入四面被围的绝境。

经过6天5夜周旋激战，全歼进犯日军1280多人，击毙敌军第31大队长田中省三大佐，粉碎敌人洋洋自得的“牛刀子战术”。

陈庄战斗胜利，是贺龙准确透彻地分析我军有利条件和敌军之弱点、要害，集中兵力打歼灭战的结果。陈庄一战，成为抗日战争相持阶段中敌后抗战的一次模范歼灭战，是贺龙用兵布阵的杰作。

陈庄战斗，取决于贺龙的正确指挥。那么，在战场上，作为将帅个人心理素质方面，需要注意些什么呢？下一阵图分解。

第二十九阵 “将有五危”

——《九变篇》三阵图

将有五危

将有五危：必死，可杀；必生，可虏；忿速，可侮；廉洁，可辱；爱民，可烦。覆军杀将，必以五危。

在战场上，孙武提醒将帅要注意五种危险：只知死拼硬打的，会被敌军诱杀；如果贪生怕死，会被敌军俘虏；性情急躁偏激的，会被敌人激怒侮辱，率兵轻进，致遭失败；过于追求人格名誉，受不了敌人羞辱而轻易出战，则会自乱阵脚；讲求仁爱之心，因保护人民而中了敌人烦扰之计，频繁出击，被敌人战而胜之。孙武感叹地说，这五种危险，都是将帅容易犯的过错，也是用兵的灾害。所以军队的覆灭，将帅的被杀，都是因这五种危险引起的，不可不警惕啊！将之五危，不仅反映了将帅个人的心理素质，也反映了他们自身的品德。

人不可能不犯错误，将帅也是人，也有指挥不当的时候，百战百胜是不可能的。因此，要客观地看待将之五危的问题，关键在于在战争中学习战争，善于及时总结经验教训，以利再战。

1949 年 10 月，我第三野战军第 10 兵团在一举突破国民党江防重地江阴后，一路凯歌，准备攻取金门。由于对金门国民党军队的力量判断错误，以为金门没有什么工事，又是国民党军队的残兵败将，不堪一击，便仓促发起进攻金门的战斗。结果，我登陆部队尽管英勇顽强，浴血鏖战，但寡不敌众、孤立无援。此战，我军损失 9000 人，受挫之大，在解放战争中是唯一的一次。

对此，毛泽东亲自为中央军委起草了《关于攻击金门岛失利的教训的通知》，并指出："当此整个解放战争结束之期已不在远的时候，各级领导干部主要是军以上领导干部中容易发生轻敌思想及急躁情绪，必须以金门岛事件引为深戒。"第 10 兵团司令员叶飞多次打电报请求处分时，毛泽东说："金门失利，不是处分的问题，而是要接受教训的问题。"此后，在攻取定海、解放海南岛等作战中，毛泽东又多次提出不要重蹈金门覆辙。

在解放海南岛战役中，我军吸取了教训，在战略上藐视敌人，战术上重视敌人，以大无畏的英雄气概，创造了我军战史上木船打军舰的奇迹。

海南岛是我国第二大岛。当时，岛上有国民党 5 个正规军 19 个师，海军第三舰队大小军舰 50 多艘，空军 1 个大队飞机 20 多架，加上地方部队，总兵力 10 万之众。守军司令为国民党上将薛岳。他的守备方针是：凭借海空军优势，采取立体防御，而且对部队作了精心布防。他把建立的这道防线称为东方的"马其诺防线"，还冠上自己的字号，称之为"伯陵防线"。

参加解放海南岛是我第四野战军40军和43军。两军来自冰天雪地的北国，一无海军、空军装备，二无海战本领，三无航海经验，甚至是完全不会游水的旱鸭子。就在这样的情况下，我军发挥思想政治工作的威力，开展了海上大练兵运动。短短三四个月时间，战士们克服了种种难以想象的困难，征服了海洋天险，解决了渡海作战一系列复杂的战略战术、技术问题以及战役组织指挥问题。在中共中央华南分局和广东省党政军民的大力支持下，征集和装修帆船2600多只，动员船工1.2万人。

1950年2月，叶剑英主持15兵团在广州召开海南岛战役的作战会议，决定用分批潜渡的办法，由几个加强营、团组成的先头部队，逐次登陆海南，既摸索海上作战经验，又逐步增强岛上我军的实力，以接应主力大规模的渡海登陆，保证一举成功。

1950年3月初，在琼崖纵队的接应下，首先是两个军的先锋营登陆成功。接着，两个军分别组成了加强团渡海。当月31日晚7时，前身为叶挺独立团的铁军——43军127师加强团的88只木制战船，3751名勇士，在雷州半岛的博赊港分3路渡海。左右船队为护卫，中间船队为主力。中途，风停了。勇士们便用桨橹、小铁锹、枪托划船。遇到国民党军舰，边打边进。护航船队奋勇地驶向敌军舰，近距离发挥步兵火器的作用，一艘敌舰被击伤，逃跑了。海战持续了两个小时，护航船队继续与敌人周旋，主力船队则冲破敌军舰炮的火力封锁，于4月1日凌晨，在塔市附近的海岸登陆，与20天前登陆的部队和琼崖纵队在滩头会师，并在琼崖纵队配合下，与前来围攻的敌军部队在塔市周旋了17个昼夜。

4月16日晚7时30分，两个军的8个团，千帆竞发，以排山倒海之势横渡琼州海峡，翌日凌晨3时登陆成功。4月30日，海南全境宣告解放。

没有金门一役的教训，就没有木船打兵舰的奇迹，就没有海南战役漂亮的胜利。

回顾《九变篇》，本篇回答作战过程中的临机应变的问题。从临机应变在五种地区五种情况处置办法说起，说到抓主要矛盾，万变不离其宗问题，还说到要抓关键，抓将帅的自身素质问题。临机应变是作战过程需要懂得的第一谋略。行军过程还需要懂得哪些谋略呢？请看第九篇《行军篇》。

第九篇　行军篇

孙子曰：凡处军、相敌：绝山依谷，视生处高，战隆无登，此处山之军也。绝水必远水；客绝水而来，勿迎之于水内，令半济而击之，利；欲战者，无附于水而迎客；视生处高，无迎水流，此处水上之军也。绝斥泽，惟亟去无留；若交军于斥泽之中，必依水草，而背众树，此处斥泽之军也。平陆处易，而右背高，前死后生，此处平陆之军也。凡此四军之利，黄帝之所以胜四帝也。

凡军好高而恶下，贵阳而贱阴，养生而处实，军无百疾，是谓必胜。丘陵堤防，必处其阳，而右背之。此兵之利，地之助也。

上雨，水沫至，欲涉者，待其定也。

凡地有绝涧、天井、天牢、天罗、天陷、天隙，必亟去之，勿近也。吾远之，敌近之；吾迎之，敌背之。

军行有险阻、潢井、葭苇、山林、翳荟者，必谨复索之，此伏奸之所处也。

敌近而静者，恃其险也；远而挑战者，欲人之进也；其所居易者，利也。

众树动者，来也；众草多障者，疑也；鸟起者，伏也；兽骇者，覆也。尘高而锐者，车来也；卑而广者，徒来也；散而条达者，樵采也；少而往来者，营军也。

辞卑而益备者，进也；辞强而进驱者，退也；轻车先出居其侧者，陈也；无约而请和者，谋也；奔走而陈兵者，期也；半进半退者，诱也。

杖而立者，饥也；汲而先饮者，渴也；见利而不进者，劳也；鸟集者，虚也；夜呼者，恐也；军扰者，将不重也；旌旗动者，乱也；吏怒者，倦也；粟马肉食，军无悬缻，不返其舍者，穷寇也；谆谆翕翕，徐与人言者，失众也；数赏者，窘也；数罚者，困也；先暴而后畏其众者，不精之至也；来委谢者，欲休息也。兵怒而相迎，久而不合，又不相去，必谨察之。

兵非贵益多也，惟无武进，足以并力、料敌、取人而已。夫惟无虑而易敌者，必擒于人。

卒未亲附而罚之，则不服，不服则难用也。卒已亲附而罚不行，则不可用也。故令之以文，齐之以武，是谓必取。令素行以教其民，则民服；令不素行以教其民，则民不服。令素行者，与众相得也。

在行军过程中，面对着两个方面的问题：一是处军，即安营扎寨问题；二是相敌，即观察、判断敌情问题。不同的情况，需要采取不同的谋略。《行军篇》就是讨论和回答上述的问题，也是作战过程需要懂得的第二个方面的谋略。本篇设计四个阵图。

第三十阵　“处　军”

——《行军篇》一阵图

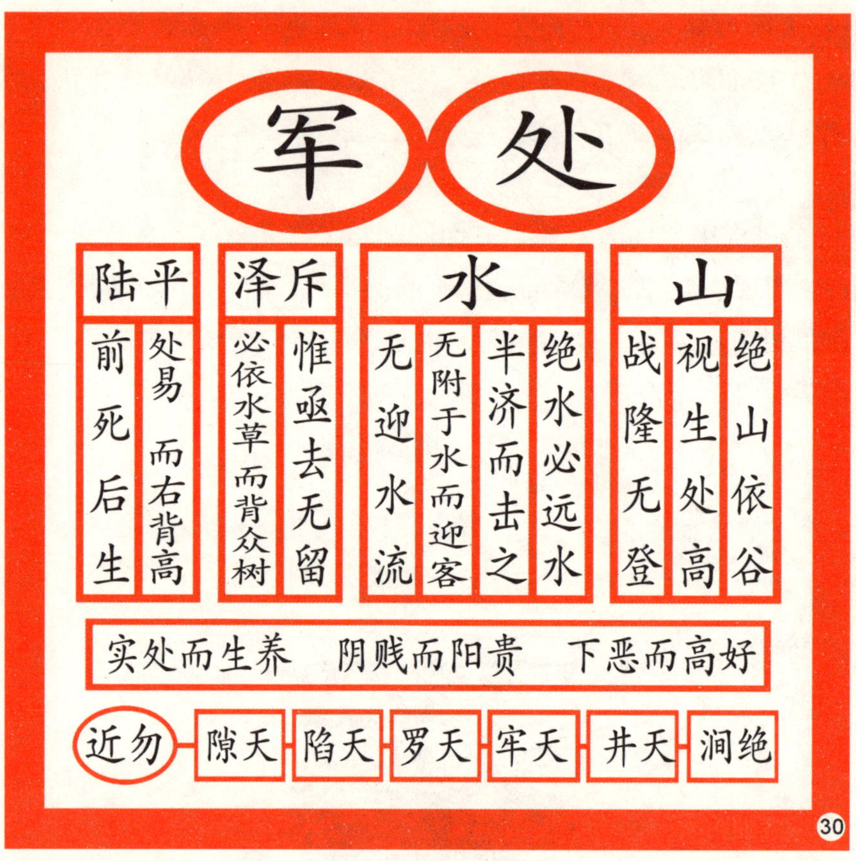

处　军

处军：山，绝山依谷，视生处高，战隆无登。水，绝水必远水，半济而击之，无附于水而迎客，无迎水流。斥泽，惟亟去无留，必依水草，而背众树。平陆，处易，而右背高，前死后生。

好高而恶下，贵阳而贱阴，养生而处实。

绝涧、天井、天牢、天罗、天陷、天隙，勿近。

本篇讲的是处军谋略。孙武首先讲一般地形的四种处军办法。

山地驻扎：靠近山谷，扎营高处。因为山谷有水草，便于补充人马给养。高处向阳，视野开阔。他提醒道，如果敌人已经占领高地，不要正面去仰攻。

江河驻扎：远离水域。他提醒道，敌人渡江而战，不要在水中迎敌，而等到敌人渡江过半时，再发动攻击，这样才有利。与敌决战，不要在靠近水边处迎敌。驻扎的位置要居高向阳，一定不要处于敌军的下游。

盐碱、沼泽地：要赶快离开，不可逗留。在这些地区不得不与敌人遭遇时，必须靠近水草而背靠树林。

平原驻扎：选择开阔地域，主要的翼侧和后方应依托高地，前低后高。军队驻扎选在高处、向阳处。

总之，选取高处，居高临下，便于瞭望、出击；选取高处，营地干燥，不易生病；靠近水草，便于放牧和粮草供应。军队没有各种疾病发生，兵强马壮了，就是作战胜利的保证。他引经据典道，上述四种谋略，是黄帝所以能够战胜四周部落的原因，懂得利用地形条件作辅助，有利于用兵打仗。其实，孙武还讲了丘陵、堤防驻扎，要求一定要占领向阳的一面，而且主力或侧翼一定以此作依托。讲了山洪暴发，要等洪峰过后，部队才能涉水过河的问题。

然后，讲六种特殊地形。他强调一旦遇上天然绝涧、天然大井、天然牢狱、天然罗网、天然陷阱、天然地隙时，必须迅速离开，不要接近。让我军远离它，敌军接近它；我军面对它，敌军背靠它。

冷兵器时代的战争，营盘是军队的根基，因此，安营扎寨十分讲究选择地形。随着武器的不断发展，选择和利用地形成为战争取胜的辅助条件。譬如，占领制高点，居高临下，易守难攻。又如，利用特殊地形伏击敌人等，都会赢得战斗的胜利。1941年11月，八路军在山西太行山区的黄崖洞保卫战，就是利用特殊地形伏击日寇的一个典型例子。

1941年11月6日，日军36师团5000多人进占西井、上、下赤峪，朝着黄崖洞峡口打过来了。与此同时，日军4旅团和9旅团各2000多人，从辽县、武乡道南北对进，向黄崖洞逼近。日军意图很明确：重点攻击我军黄崖洞兵工厂，摧毁八路军军工重地，吸引八路军主力，与之会战。

黄崖洞，地形险峻复杂，两旁都是石崖、深沟。峡口前的地势稍开阔，经过1000多米的峡谷，才到达峡内的我军的厂区。八路军总部彭德怀、左权两位领导对打赢黄崖洞这一仗，成竹在胸。他们一方面让兵工厂该藏的藏，该收的收，坚壁清野；另一方面制定了先拒后放的战术；让总部特务团先在峡口坚守阵地，组织火力网，布好防线，适当时候再放敌进洞，打击敌人。同时，致电刘伯承129师在外配合作战，寻找时机重创敌人。

黄崖洞保卫战异常激烈。从11月10日至13日，敌人以数十门大炮狂轰滥炸我军峡口阵地，还投放大量毒气弹，连喷火器也用上了。我军依据悬崖间的阵地作荫蔽，或打退敌人一次次进攻，或把敌人赶进沟底，发挥手榴弹、地雷的威力，或与敌人展开肉搏，把冲上来的敌人压下去。峡口的山头满目疮痍，焦土热气直冒，敌尸累累。

11月13日夜，左权下令放弃峡口，把日军放进峡谷里打。拼死要攻占兵工厂的敌人，不顾头上雨点般的手榴弹开花，脚下地雷轰响和侧面山崖的机枪扫射，一股劲往前冲。战斗持续两天一夜，可除了留下尸体外，近在眼前的厂区，敌人就是无法冲进去。

11月17日黎明，左权再次下令，把敌人放进厂区里打。这下热闹了。我军处在制高点，多方防范敌人。敌人要搜寻机器，就遭到这边阵地的火力打击；敌人转攻我方这边阵地，我方主阵地则侧击其后背；日军再进攻我方主阵地，我方这边阵地的火力又压着他们的尾部。日军顾首顾不了尾，狼狈不堪，一颗铁钉也看不见。进了峡谷几天，不仅一无所获，还损兵折将，只好偷偷撤兵。在回撤的过程中，又受到刘伯承129师的伏击，一直被撵到了黎城。日军这次偷袭行动损兵1300多名，而我军仅损伤186人。利用特殊地形战胜敌人，黄崖洞保卫战不愧为经典之笔。

处军的谋略，是利用地形战胜敌人的一方面，那么，相敌又是什么回事呢？请看下一阵图。

第三十一阵　“相敌三十三”

——《行军篇》二阵图

相敌三十三

相敌：一、军行有险阻、潢井、葭苇、山林、翳荟；二、敌近而静；三、远而挑战；四、其所居易；五、众树动；六、众草多障；七、鸟起；八、兽骇；九、尘高而锐；十、卑而广；十一、散而条达；十二、少而往来；十三、辞卑而益备；十四、辞强而进驱；十五、轻车先出居其侧；十六、无约而请和；十七、奔走而陈兵；十八、半进半退；十九、杖而立；二十、汲而先饮；二十一、见利而不进；二十二、鸟集；二十三、夜呼；二十四、军扰；二十五、旌旗动；二十六、吏怒；二十七、粟马肉食，军无悬缻，不返其舍；二十八、谆谆翕翕，徐与人言；二十九、数赏；三十、数罚；三十一、先暴而后畏其众；三十二、来委谢；三十三、兵怒而相迎，久而不合，又不相去。

行军过程必然会遇到各种情况，要懂得根据各种情况判断敌情，这叫相敌。孙武观察细致、准确，入木三分，罗列 33 种：

悬崖绝壁的绝路、湖沼、水网、芦苇、山林和草木茂盛的地方，敌人很可能设伏；

近迫我方的敌人，却又显得安静，是因为他们占据了险要的地形；

相隔很远的敌人敢于前来挑战，目的是诱使我们前往；

占领平坦地形的敌人，有利于他们与我方决战；

许多树木摆动，敌人荫蔽地来了；

草丛中有许多障碍，往往敌人布下了疑阵；

鸟雀惊飞，表明在其下面敌人设有伏兵；

野兽惊骇奔走，敌人荫蔽地前来偷袭；

尘土高而尖时，敌人的战车来了；

尘土低而宽时，敌人的步兵来了；

尘土散乱飞扬时，敌人砍柴而过；

尘土少而时起时落，表明敌人在安营扎寨；

这边派使者谈判，而且措辞谦逊，那边在加紧备战，是一番进攻的态势；

措词强硬，却摆出向前推进的势态，敌人准备撤退；

最先派出的轻战车，位居两侧，敌人想要列阵；

没有相约而来求和的，是另有阴谋；

士兵急速奔走，摆开兵车列阵，是期待与我方决战；

半进半退或不进不退的，企图引诱我方；

拄杖站立的，表明敌人饥饿疲劳；

打水先喝，表明敌军干渴；

见到好处也不愿意争，说明敌人疲惫不堪；

营寨上集聚鸟雀，表明是空营；

夜间惊叫，是恐慌的表现；

敌军中发生惊忧骚乱，表明将帅没有威望；

旌旗摇动不整齐，表明敌人队伍已经混乱；

敌人军官无故发怒生气，是疲倦的表现；

粮食喂马，杀牛吃肉，收拾炊具，不返营寨的，敌人已经做了拼死突围的准备；

低声下气与部下讲话的，因为失去下面的拥戴；

频繁地奖励士兵，因为没有办法鼓舞士气；

频繁地处罚士兵，因为处境困难；

先粗暴严厉，而后又害怕部下的，表明将领不精明；

使者措辞委婉态度谦逊，敌人想休战；

怒气冲冲与我方对阵，既久不交战，又不撤退的，必须谨慎去观察。

相敌，就是敌情侦察、判断。上述各种侦察、判断敌情的方法，对古代的战争，无疑是很实际，很管用的。现代战争，虽然通讯技术、侦察手段日益进步，但近战、夜战，在与敌军近距离接触中，其中的一些方法仍然用得上。

侦察敌情仅仅是手段，最终目的在于利用地形，歼灭敌人。

1935 年 10 月 19 日，中央工农红军行程二万五千里，到达陕北吴起镇。长征宣告结束。红军刚到达吴起镇，侦察消息便传来了：一路尾随而来的宁夏军阀马鸿宾、马鸿逵的骑兵和原东北军白凤翔部的骑兵赶到附近，2000 多敌军对我红军形成了夹击之势。

毛泽东与彭德怀、周恩来、叶剑英、聂荣臻等商量作战方案。这是中央红军长征最后一仗，也是中央红军落脚陕北的第一场战斗，打赢这一仗，意义非比寻常。毛泽东指示说："我们疲劳，敌人也疲劳，利用吴起多山的地形，打个胜仗，作为礼物，送给陕北人民。"

夜深了，毛泽东的窑洞里，灯光仍然亮着。毛泽东和彭德怀仔细抠着战斗部署的每一个细节，琢磨应付可能遇到的突发情况。

吴起镇头道川，两边是山岭，地形比较险峻；沟道坑坑洼洼，高低不平。10 月 21 日晨，红军在这里布下了伏兵，专候敌人的骑兵到来。毛泽东不顾身体虚弱，和彭德怀一起，登上吴起镇的平台山，指挥战斗。

战斗开始前，毛泽东给警卫员说："现在休息休息，枪声激烈时不要叫我，打冷枪时再叫我。”大家心领神会。长征中，毛泽东神机妙算，用兵如神，人人折服。不用说，这场“切尾巴”的战斗，已经胜券在握了。

果然，先是马鸿宾的第35师骑兵团耀武扬威地走过来。骄横的敌人气焰嚣张，根本没有料到红军设伏。当他们进入红军的伏击圈时，彭德怀立即下达攻击命令。顷刻间，枪声、手榴弹爆炸声响成一片，火光闪闪，打得敌人晕头转向，纷纷落马溃逃。随后，东北军白凤翔部的骑兵团赶来了，又迅即被打乱，掉头逃命。红军乘胜追击，利用土岗深沟，将敌人分割包围。与此同时，敌人另外三个骑兵团也同时被击溃。这一仗，干净利索地消灭敌人一个团，击垮三个多团，缴获一批轻重武器和战马，补充了红军新建的骑兵队。

刚进入陕北，就打了一个漂亮仗。毛泽东对彭德怀卓越的指挥才能夸赞不已，诗兴顿涌，在窑洞里写下了一首六言诗：

山高路远坑深，
大军纵横驰奔。
谁敢横刀立马？
唯我彭大将军。

战斗结束后，彭德怀来到毛泽东住处，看到这首诗的最后一句，觉得胜利不应归功于他个人，随即拿起笔，把“唯我彭大将军”改为“唯我英勇红军”。毛泽东写这首诗与彭德怀的改诗，传为佳话，永世流传。

吴起镇伏击战的胜利，从根本上说，是毛泽东、彭德怀相敌缜密，巧妙利用地形打的一场漂亮仗。

孙武通过研究处军、相敌过程，概括和总结了一条极有价值的经验，可以说也是一个战争规律。这个规律是什么？请看下一阵图。

第三十二阵　“兵非贵益多”

——《行军篇》三阵图

兵非贵益多

兵非贵益多，惟无武进，足以并力、料敌、取人。

孙武在阐述相敌之后，说："兵非贵益多也，惟无武进，足以并力、料敌、取人而已。"这几句话表述了下面五层意思：一是打仗并非兵越多越好，而需要精兵；二是千万不能盲目冒进；三是要集中兵力打歼灭战；四是要判明敌情；五是要选拔人才。他还轻描淡写地说，打仗的学问并不高深，上面五条，就此而已。他补充道，惟有那些既不深思熟虑，又轻视敌人的人，必定被敌人所俘虏。

这几句话意义深远，又非常经典。既是对前面所阐述内容的总结，又为后面以至下一篇所说的内容留下伏笔。其中，不要冒进和判断敌情两句，就是上述处军、相敌内容的高度概括和总结。在不经意中，总结和阐述了一条战争规律。事实上，打仗就是那么一回事，兵不在多，而在精，要深思熟虑，不能盲目冒进，要集中兵力打歼灭战，要准确把握敌情，要选好人，用好人。

其他不说，就说用人。毛泽东作为人民军队的最高统帅，他的识才智慧，知人善任，可谓前无古人，后无来者。

战争时期，统战、战事计划等方面，都委托善于出谋划策的周恩来。周恩来实际起到副统帅和总参谋长的作用。

称朱德"肚量大如海，意志坚如钢"，自从井冈山会师后，朱德就成了军队倍受推崇的总司令。他宽和忍让、忠厚谦逊，建军的事，急事、大事都由朱德去办。

曾用"谁敢横刀立马？为我彭大将军"的诗句，高度评价彭德怀卓越的指挥才能和大无畏的作战精神。彭德怀性格刚烈，疾恶如仇，打天下绝对需要这样的勇夫和猛将。所以，战争危急关头，都给他委以重任。如红军时期，保卫井冈山；抗战时期，为八路军副总指挥；解放战争时期，驰骋西北；朝鲜战争爆发，为志愿军司令员兼政委等。

对林彪钟爱有加，十分赏识和重用，使他成为同级别军事首长中最年轻者。让他 23 岁当上红四军军长；八路军共三个师，其中他为 115 师的师长。平型关一战，威名远扬；三大战役，他主持指挥了辽沈、平津两战役。

对刘伯承的军事才能颇为推崇。长征途中，为先遣队总参谋长；抗日战争、解放战争与邓小平搭档，号称刘邓大军，挺进大别山，开创我军战略进攻新局面。

多次称赞贺龙有三条：对党忠诚，对敌斗争坚决，联系群众。“贺龙两把菜刀起家，现在当军长带出了一个军。”毛泽东在“三湾改编”中以此鼓励士兵。到陕北后，又称他是红二方面军的旗帜。陕北的工作，前方交给彭德怀，后方交给贺龙。

让罗荣恒与林彪搭档，制约林彪的弱点，两人一道领导和指挥东北的解放战争。

高度评价粟裕苏中七战七捷，不拘一格，委以重任。山东、华中野战军会师后，明确指示：在陈毅领导下“大政方针共同决定”，“战役指挥交粟裕负责”。

喜欢陈赓智勇双全，豪爽乐观。

对长期从事特工工作，做出卓越贡献的红色特工王李克农，给予“立了大功”的评价。

正因为毛泽东身边集聚着一批能征善战、智勇双全、生死与共的将领，我军经历了土地革命战争、抗日战争、解放战争，走过了22年浴血奋战漫长的路，完成了民主革命的伟大任务，推翻了国民党，建立了中华人民共和国。

兵非贵益多。毫无疑问，兵不在多，而在精。精兵，需要治军，需要管理，处军、相敌之时，也不例外。如何治军？下一个阵图作交待。

第三十三阵　“令之以文，齐之以武”

——《行军篇》四阵图

令之以文，齐之以武

卒未亲附而罚之，则不服，不服则难用。卒已亲附而罚不行，则不可用。令之以文，齐之以武。令素行以教其民，则民服；令不素行以教其民，则民不服。令素行者，与众相得。

为了阐述“令之以文，齐之以武”的问题，孙武从执行纪律问题说起。他说，对不了解你的、依附你的士卒，无端给予惩罚，他们心里肯定不服，不服就很难使用。对即使已经取得你的信任和拥护的士卒，对他们如果不能执行纪律的话，这样的士卒也是不能用于作战的。于是，他倡导一方面要用“文”的宽厚手段团结他们，另一方面用“武”的军纪军法约束他们。文武兼备，双管齐下，恩威并济，军队就能整齐划一，步调一致，就能成为必胜之军。他接着说，平时，用严格执行命令来管教士卒，士卒就会养成服从的习惯；平时不能用严格贯彻执行命令管教士卒，士卒就会养成不服从的习惯。平时能够做到令行禁止的军队，表明将帅和士卒之间相处得来。

管理军队，文武兼治，孙武的治军主张无疑是正确的。众所周知，军队是国家、政权的支柱，执行政治任务的武装集团，没有坚定正确的政治方向，高度的组织纪律观念，是难以履行军队的重任的。邓小平曾说：“我们这个军队有好传统。从井冈山起，毛泽东就为我军建立了非常好的制度，树立了非常好的作风。我们这个军队是党指挥枪，不是枪指挥党。”规定把党支部建在连上；规定“中国的红军是一个执行革命的政治任务的武装集团，红军决不是单纯地打仗的，它除了打仗消灭敌人军事力量之外，还要负担宣传群众、组织群众、武装群众、帮助群众建立革命政权以至建立共产党组织等项重大的任务”；规定政治工作是我军的生命线，“人民解放军建立了自己强有力的革命的政治工作，这是我们战胜敌人的重大因素。”规定为人民服务是我军唯一的宗旨。在这个宗旨之下，军队的职能表现为打仗、做群众工作和生产三大任务。军队政治工作的基本原则有三个：第一是官兵一致，第二是军民一致，第三是瓦解敌军。军队中实行政治、经济、军事三大民主，执行三大纪律八项注意，严格训练，严格要求等。

毛泽东治军方略，创造性地发展了孙武倡导的文武兼治的思想。军队的本质特征如性质、任务、宗旨，以及人民军队建设的具体原则、政策，都非常具体、明确。尤其是规定我军的性质是人民军队，宗旨是为人民服务，这点是区别于其他军队的标志；军队的任务不是单纯地打仗，还要做群众工作、搞生产，这也是其他军队做不到的。还有军队的内部建设的举措，三大纪律八项注意的纪律约束，人民战争的战略战术等，都是毛泽东和我党我军老一辈革命家、军事家所独创的。正因为治军有方，我军从无到有，从小到大，在与国内外敌人和反动势力交战中，攻无不克，战无不胜，成为民族独立，维护世界和平，举世无双的一支伟大的军队。

《行军篇》内容丰富。在作战过程中，遇到的具体问题首先是行军。行军需要解决的是处军、相敌，都与利用地形有关。后两阵则是前两阵内容的延伸，说到战争和军队建设方面规律性的问题。全篇的中心实际上是讲在行军的处军、相敌过程中如何利用地形的问题。那么，在战争进程中，究竟如何利用地形？不妨看看下篇即第十篇《地形篇》的具体阐述。

第十篇　地形篇

孙子曰：地形有“通”者，有“挂”者，有“支”者，有“隘”者，有“险”者，有“远”者。我可以往，彼可以来，曰“通”；“通”形者，先居高阳，利粮道，以战则利。可以往，难以返，曰“挂”；“挂”形者，敌无备，出而胜之；敌若有备，出而不胜，难以返，不利。我出而不利，彼出而不利，曰“支”；“支”形者，敌虽利我，我无出也；引而去之，令敌半出而击之，利。“隘”形者，我先居之，必盈之以待敌；若敌先居之，盈而勿从，不盈而从之。“险”形者，我先居之，必居高阳以待敌；若敌先居之，引而去之，勿从也。“远”形者，势均，难以挑战，战而不利。凡此六者，地之道也；将之至任，不可不察也。

故兵有“走”者，有“弛”者，有“陷”者，有“崩”者，有“乱”者，有“北”者。凡此六者，非天之灾，将之过也。夫势均，以一击十，曰“走”；卒强吏弱，曰“弛”；吏强卒弱，曰“陷”；大吏怒而不服，遇敌怼而自战，将不知其能，曰“崩”；将弱不严，教道不明，吏卒无常，陈兵纵横，曰“乱”；将不能料敌，以少合众，以弱击强，兵无选锋，曰“北”。凡此六者，败之道也；将之至任，不可不察也。

夫地形者，兵之助也。料敌制胜，计险厄远近，上将之道也。知此而用战者必胜，不知此而用战者必败。

故战道必胜，主曰无战，必战可也；战道不胜，主曰必战，无战可也。故进不求名，退不避罪，唯人是保，而利合于主，国之宝也。

视卒如婴儿，故可与之赴深溪；视卒如爱子，故可与之俱死。厚而不能使，爱而不能令，乱而不能治，譬若骄子，不可用也。

知吾卒之可以击，而不知敌之不可击，胜之半也；知敌之可击，而不知吾卒之不可以击，胜之半也；知敌之可击，知吾卒之可以击，而不知地形之不可以战，胜之半也。故知兵者，动而不迷，举而不穷。故曰：知彼知己，胜乃不殆；知天知地，胜乃可全。

利用地形打仗，是一门学问。地形只是辅助条件，关键在于将帅的指挥。在《地形篇》中，孙武从讲地形着手，转而讲将帅问题，十分巧妙。为此，本篇安排三个阵图。

第三十四阵　“六　形”

——《地形篇》一阵图

六　形

“通”：我可以往，彼可以来。先居高阳，利粮道，以战则利。

“挂”：可以往，难以返。敌无备，出而胜之；敌若有备，出而不胜，难以返，不利。

“支”：我出而不利，彼出而不利。敌虽利我，我无出；引而去，令敌半出而击之，利。

“隘”：我先居之，必盈之以待敌；若敌先居之，盈而勿从，不盈而从之。

“险”：我先居之，必居高阳以待敌；若敌先居之，引而去，勿从。

“远”：势均，难以挑战，战而不利。

孙武首先列出和作战有关系的六种地形，简称为六形，并其与作战的关系、各自的特点、不同的地形所采取的作战措施加以解释、阐述。

通，指我方可以去，敌方可以来的地域。遇到这种地域，应占领视野开阔的高地，保护粮道的畅通，这样对作战有利。

挂，指可以前进，难以后退的地域。在这种地域上，敌人没有防备时，可以采取突然出击的办法战胜他。如果敌人有防备，我方出击不能取胜，后退又困难，就不利了。

支，指我方出击不利，敌方出击也不利的地域。遇到这种地域，即使敌人利诱我们，也不要出击。我方应调兵撤离，诱敌出战。待敌人出击一半时，再回击敌人，这样打才有利。

隘，指通道狭窄，队伍难以展开的地域。遇到这种地域，我方必须首先占领隘路口，等待敌人到来。如果敌人先占领了隘路口，我方不宜去进攻了。敌人没有首先到达并占领隘路口的，则我方可以去打去夺隘。

险，指险要的地域。遇到这种地域，我方应首先到达，占领制高点，等待敌人到来。如果敌人先于我方到达，并占领了制高点时，就要撤兵离去，不宜与敌人交战。

远，指敌我相距较远的地域。在这种地域，双方势均力敌。不宜挑战，对挑战者不利。

孙武强调说，这六条是利用地形的原则，是将帅的重大责任所在，不可不加以认真考察研究。灵活利用地形去打仗，关系到军队胜败存亡，是合格的将帅的标志之一。抗日战争时期，面对强大的敌人，毛泽东同志制定了山地游击战的战略思想。八路军、新四军就是利用复杂的地形与敌人周旋，打伏击战、歼灭战，消灭敌人有生力量。以著名的平型关大捷为例。

1937 年“七七事变”不久，天津失守，北平沦陷，上海被日军重兵围攻，华北平原危在旦夕。由于国民党战略部署失策，日军第五师团长驱直入。国民党第二战区长官阎锡山集中 15 个旅的兵力，扼守平型关以北，与日军决战，命令八路军协防平型关。我 115 师坚决执行党中央制定的战略方针，开赴平型关。

平型关位于晋东北古长城上，自古以来是晋冀两地的交通要道，被历代军事家所看好。关内关外，层峦迭嶂，群山连绵，怪石林立，竞显峥嵘，沟壑幽深，隘关狭窄，充满神秘气氛。关前的小寨村至老爷庙有一段 8 里长的公路——乔沟，蜿蜒如蛇，是通往灵丘、涞源的唯一通道。乔沟，沟深 10 ~ 30 米，沟底 10 ~ 20 米，北侧是陡壁，易于伏兵向沟底出击。我 115 师师长林彪实地考察地形后，集中一个师的兵力，定下打一场“八里大埋伏”的伏击战。

直扑平型关来的是由板垣征四郎带领的日军精锐部队王牌第五师团。侵华以来，几乎没有遇上中国军队的正面抵抗，骄横到极点。

9 月 23 日，林彪部署，杨得志的 685 团埋伏于老爷庙，守住口袋底；让李天佑的 686 团设伏于百崖台，把敌人一截一截斩断、吃掉。要他们猛打猛冲，白刃战、肉搏战，与敌人搅在一起，叫他们的飞机大炮失去作用；让 687 团埋伏小寨村，敌人全部钻进口袋后，掐住袋口。战斗打响的顺序为：685 团首先开火——687 团——最后 686 团。杨成武的 688 团作预备队，阻击灵丘和涞源增援之敌。9 月 24 日，部队全部进入阵地。9 月 25 日清晨，敌人按林彪的部署进入口袋。伏击战异常残酷激烈，从清晨打到下午一点结束，取得大捷。共歼灭日军 1000 多人，击毁汽车 100 多辆，大车 200 多辆，还缴获一批武器、弹药、军用食品、军用物资。

平型关一仗，是利用乔沟这一险地，居高临下打日军一个伏击战的典范，是林彪的成名之作。为此，蒋介石发来了嘉奖令。此战例，还被美国西点军校列为必修课。

人们常说，胜败是兵家常事。又说，胜不骄，败不馁。败者，应寻找原因，吸取教训。孙武把没有打好仗的责任，归结为将帅没有带好部队之过。他是怎样说的呢？下一阵图介绍。

第三十五阵　“六　败”

——《地形篇》二阵图

六　败

非天之灾，将之过也。

夫势均，以一击十，“走”；卒强吏弱，“弛”；吏强卒弱，“陷”；大吏怒而不服，遇敌怼而自战，将不知其能，“崩”；将弱不严，教道不明，吏卒无常，陈兵纵横，“乱”；将不能料敌，以少合众，以弱击强，兵无选锋，“北”。

孙武指出，军队有走、弛、陷、崩、乱、北六种必然造成失败的情况。他断然说：这六种情况不是天灾的原因，而是由于将帅的过错造成的。这六种情况是什么一回事呢？罗列如下：

走，指逃走、败走。双方实力相当，而己方以一倍的兵力去攻击十倍的敌人，以寡敌众，哪有不败之理？这叫"走"。

弛，指松弛。兵强官弱，不听指挥，纪律松弛导致失败的军队，叫"弛"。

陷，指陷落。官强兵弱，官仅凭一己的勇武冲杀，而士兵疲弱，导致陷落敌网中，叫"陷"。

崩，指崩溃。下级将领不服从统一指挥，心怀怨恨，擅自带领部属出战，将帅又不能控制。这种部队遇到强大的敌人时，必然崩溃，叫"崩"。

乱，指散乱、混乱。将帅懦弱，要求不严，管教无方。士兵不守规矩，出兵列阵乱七八糟，遇敌难免混乱，叫"乱"。

北，指败北。主将不了解敌情，以劣势之兵对付优势的敌人，用弱兵去打强敌，又不会选择精兵当先锋，这样打仗，必然失败，叫"败"。

孙武强调，凡有上述六种情况，都必然会造成失败的。这是将帅非常重大的责任，不可不加以认真考察和研究。换句话说，一个出色的指挥员，不应被局部、一时的失利所压倒，要认真总结失败的原因，吸取教训，以利再战。

在八路军抗日的光荣战史上，青史留名的有115师的首战平型关，随后在太原保卫战中，有120师的巧伏雁门关，以及129师的两伏七亘村。说起两伏七亘村，还有一段被日军偷袭的教训。

1937年10月21日，进犯娘子关的日军第20师团绕至娘子关右翼，对新关发起突击。多次冲击被打退后，继续迂回，攻击新关之南40里地的石门口。料敌如神的刘伯承，提醒驻守新关的国民党第3军军长曾万钟，火速派兵防守，但没有被采纳。刘伯承便令陈赓速派771团赶到石门口一带，相机拒敌。叮嘱，石门口事关娘子关全局，一定要小心谨慎。

10月22日中午，771团赶到石门口，与迂回偷袭的日军40旅团一个大队打了一个遭遇战。由于771团抢占了村东的高地，日军多次发动冲击都被打退。夜间，771团撤至七亘村集结，天明前再进入新阵地。由于轻视敌人，集结时没派警戒，也没有对四周地形作仔细堪察，几条隐蔽的小路未加防范。凌晨两点，早有预谋的日军，派出一个联队，避开大路，从小路而来，绕过警戒哨，摸到771团集结地左翼。与此同时，派出300多名骑兵，在771团正面，实施夹击。771团两面受敌，仓促应战，被迫撤出集结地。队伍被打散了，牺牲、失散40多人。这次被袭，国民党第3军军长不听刘伯承提醒，难逃责任。我军指挥员轻敌，亦受到了毛泽东的严厉批评。

然而，陈赓在自责中没有被压倒。他忙着与刘伯承一道，仔细观察七亘村的地形，以一个优秀指挥员的敏锐，思忖日军突破石门口阵地后，为对新关、娘子关形成威慑，可能会不顾一切往西插，与后续部队之间留下一个空隙。我军完全能够利用七亘村复杂的地形，打敌人一个伏击。他的想法得到了刘伯承的认同。10月26日清晨，张网捕鱼的伏击战打响了。战斗持续了3个小时。日军除逃出几十人外，其余300多人被歼，缴获许多战利品。随后，他和刘伯承分析国民党准备放弃娘子关后撤的形势，判断七亘村仍然会是日军进军必由之路。于是，略微挪动设伏点，再打一次伏击战。日军做梦也不会想到八路军会在同一地点重复设伏，损失惨重。这次伏击战，击毙日军100多名，缴获了大批辎重物资，更重要的是极大地牵制了日军的行动，使被困的国民党第3军千余名官兵逃出了日军的包围圈。两伏七亘村，打得漂亮，与他们吸取被袭的教训分不开。

利用六种地形打胜仗，警惕六败情况出现，都是将帅的主要责任所在。由此可见将帅的素质的重要。将帅应具备什么样的素质呢？下一阵图，孙武将一一阐述。

第三十六阵　“上将之道”

——《地形篇》三阵图

上将之道

料敌制胜，计险厄远近，上将之道。

进不求名，退不避罪；唯人是保，利合于主；

视卒如婴儿，视卒如爱子；

动而不迷，举而不穷。知彼知己，知天知地。

形在战争中起什么作用？孙武概括说："兵之助也。"不过是用兵的辅助条件罢，关键在于"上将之道"，即上将的素质。将帅的素质差，不会打仗，再好的地形也没有用。将帅应该具备什么素质呢？孙武用了许多篇幅阐述：

将帅的职责：料敌取胜，计险厄远近。即准确地判断敌情，研究地形险易，计算道路远近，制定取胜计划。强调懂得这些，用于作战指挥，必然会取得胜利，否则，必然会失败。

将帅的品格：进不求名，退不避罪。进者，不为个人求取功名；退者，不为个人逃避罪责。要做到此，就要按"战道"即战争的实际情况和战争的规律办。符合战道的，即使君主说不打，也要坚持打；违反战道的，即使君主一定要打，也不能去打。为了民众和君主的利益，能打胜的坚决去打，不能打胜的就坚决不打。他强调说，这样的将帅，才是国家最宝贵的财富。

爱兵和善于管理：视卒如婴儿，视卒如爱子。通俗地说，就是爱兵，像婴儿、儿子般看待士卒。但是，这种爱不是无原则的，既厚待，又要听从指挥；既抚爱，又要服从命令，服从管理。骄横的士卒，不能上战场。

用兵之道：做到动而不迷，举而不穷。即行动不会迷失，举措变化无穷。知道我军虽然能打，但不知道此时的敌军是不能攻击的，硬要去打，胜利的可能参半；知道敌军有懈可击，可我军此时恰恰不能出兵，硬要去打，胜利的可能参半；知道敌军有懈可击，可我军此时也能出兵，但不了解地形不利于作战，硬要去打，胜利的可能也参半。所以，了解用兵的规律的人，行动才不会迷失，举措才变化无穷。

知彼知己，知天知地：了解敌人，了解自己，胜利就没有危险；懂得天时，懂得地利，胜利就完全有保障了。

指挥员的素质非常重要。抗日战争初期，毛泽东及时提出了我军实行独立自主的山地游击战的战略方针。太原失陷后，以八路军为主体的游击战，成为抗日战争的主体，游击战争上升到战略地位。1938 年 1 月，毛泽东还撰写了《论抗日游击战争的基本战术——袭击》重要文章，不仅从战略上还从战术思想上对游击战给予明确的指导。自此，我军各级将领在幅员辽阔的中国大地上，导演了一个又一个让敌人胆颤心惊的游击战战例。略举几例。

例一：响堂铺伏击战。1938 年 3 月下旬，日军为了实现进攻潼关、西安和陕甘宁的计划，把邯长大道和长冶至临汾公路，变成重要的交通要道。129 师师长刘伯承、副师长徐向前和政委邓小平周密部署三个主力团，在东阳关至涉县之间的响堂铺伏击消灭敌人的运输队。

31 日 8 点，敌人的汽车队沿着公路从东阳关方向开来了。随着徐副师长总攻命令的下达，战斗打响。激战 3 个小时，敌人的 180 辆汽车和随车 170 多名士兵，除了 30 多名逃窜外均被歼灭。

当天下午 2 时，敌人出动 10 多架飞机对响堂铺疯狂轰炸。这时，八路军早已转移，敌机连八路军的影子也看不到了。

例二：吕梁山 5 天歼敌。1938 年 3 月，115 师兵摆阵吕梁山，化整为零，在大宁—午城—蒲县一带，伺机歼敌。

1938 年 3 月 16 日下午，杨得志的 685 团在午城路上设伏，歼灭了西进的日军 108 师 25 旅团辎重队 200 多人、100 多匹骡马、20 多辆大车。

当月 17 日上午，蒲县的敌人出动 60 多辆满载物资卡车（其中 6 辆载运步兵），向大宁方向开来；大宁的敌人也出动 500 多人，并携带两门山炮接应。当大宁之敌进至罗曲镇附近的上下乌时，遭到 685 团 的伏击。日军大炮发挥不了作用，死伤惨重，只得撤回大宁。蒲县之敌在午城东侧山地，也一头钻进杨勇率领的 686 团的伏击圈，鬼子车队逃进午城，200 名日军全部被歼。

当晚，685 团夜袭午城，击毁了敌人 60 多辆汽车。第二天上午，蒲县 600 多名日军步兵和 200 名骑兵，企图驰援午城。刚抵达井沟，遭到了杨勇他们的伏击。激战至黄昏，686 团主力将日军 4 门大炮和十几挺机枪全部缴获。

就这样，5 天来，115 师以游击战术频频袭击小股日军，有时一天打一仗，有时一天打几仗，打得赢就打，打不赢就走，零打碎敲。敌军 108 师 25 旅团莫名其妙地损失上千人马，还不知道敌人在哪里。

例三：周旋于大青山。1938 年 7 月末，我军 120 师挺进大青山。李井泉带领大青山支队，本着毛泽东的游击战争思想，能打则打，能绕则绕，以营、连为单位，分散活动，发动群众，到处袭击敌人。主力避开与敌人的正面碰撞，巧妙周旋，牵着敌人的鼻子来回转。敌人摸不着头脑，整日东奔西窜，疲于奔命，到处扑空，反遭到游击队打击。一天，经陶林旗下营的两伙敌人在大摊围攻大青山支队。天漆黑，两支敌军竟自相残杀，打了 4 个小时。大青山支队早已撤离了。就这样，大青山支队坚持游击战术，对付敌伪军，巩固了大青山根据地。

八年抗日战争，八路军、新四军深入敌后，大规模、长时期地开展游击战，各级指战员和广大民众一起，创造了许多独具特色、丰富多彩、机动灵活的游击战法，在人类战争史上是首屈一指的。如：地雷战、地道战、麻雀战、围困战、平原游击战、铁道游击战、水上游击战、破坏敌人通信、交通运输的破袭战，等等。人民游击战争，陷敌人于人民战争的汪洋大海，谱写了战争史上的光辉篇章。

在作战过程序列中，孙武非常重视利用地形，一连三篇都是从地形说起，但他又不是全说地形，尤其《地形篇》表白的意思更明显。地形的作用，仅是“兵之助也”。他明说地形，实说“上将之道”，过渡巧妙，逻辑性非常强。但是，对利用地形打仗的观点，对将帅素质问题，他又感到意犹未尽，因为战争还要进入纵深。于是，他又回到地形方面，把战争进入纵深的未尽的事儿作交待。什么未尽的事呢？第十一篇《九地篇》介绍。

第十一篇 九地篇

孙子曰：用兵之法，有“散地”，有“轻地”，有“争地”，有“交地”，有“衢地”，有“重地”，有“圮地”，有“围地”，有“死地”。诸侯自战其地，为“散地”。入人之地而不深者，为“轻地”。我得则利，彼得亦利者，为“争地”。我可以往，彼可以来者，为“交地”。诸侯之地三属，先至而得天下之众者，为“衢地”。入人之地深，背城邑多者，为“重地”。山林、险阻、沮泽，凡难行之道者，为“圮地”。所由入者隘，所从归者迂，彼寡可以击吾之众者，为“围地”。疾战则存，不疾战则亡者，为“死地”。是故“散地”则无战，“轻地”则无止，“争地”则无攻，“交地”则无绝，“衢地”则合交，“重地”则掠，“圮地”则行，“围地”则谋，“死地”则战。

所谓古之善用兵者，能使敌人前后不相及，众寡不相恃，贵贱不相救，上下不相收，卒离而不集，兵合而不齐。合于利而动，不合于利而止。敢问：“敌众整而将来，待之若何？”曰：“先夺其所爱，则听矣。”

兵之情主速，乘人之不及，由不虞之道，攻其所不戒也。

凡为客之道：深入则专，主人不克；掠于饶野，三军足食；谨养而勿劳，并气积力，运兵计谋，为不可测。投之无所往，死且不北，死焉不得，士人尽力。兵士甚陷则不惧，无所往则固，深入则拘，不得已则斗。是故其兵不修而戒，不求而得，不约而亲，不令而信。禁祥去疑，至死无所之。吾士无余财，非恶货也；无余命，非恶寿也。令发之日，士卒坐者涕沾襟，卧者涕交颐。投之无所往者，诸、刿之勇也。

故善用兵者，譬如“率然”；“率然”者，常山之蛇也。击其首则尾至，击其尾则首至，击其中则首尾俱至。敢问：“兵可使如‘率然’乎？”曰：“可。”夫吴人与越人相恶也，当其同舟而济，遇风，其相救也，如左右手。是故方马埋轮，未足恃也；齐勇若一，政之道也；刚柔皆得，地之理也。故善用兵者，携手若使一人，不得已也。

将军之事：静以幽，正以治。能愚士卒之耳目，使之无知。易其事，革其谋，使人无识；易其居，迂其途，使人不得虑。帅与之期，如登高而去其梯；帅与之深入诸侯之地，而发其机，焚舟破釜；若驱群羊，驱而往，驱而来，莫知所之。聚三军之众，投之于险，此谓将军之事也。九地之变，屈伸之利，人情之理，不可不察。

凡为客之道：深则专，浅则散。去国越境而师者，“绝地”也；四达者，“衢地”也；入深者，“重地”也；入浅者，“轻地”也；背固前隘者，“围地”也；无所往者，“死地”也。

是故“散地”，吾将一其志；“轻地”，吾将使之属；“争地”，吾将趋其后；“交地”，吾将谨其守；“衢地”，吾将固其结；“重地”，吾将继其食；“圮地”，吾将进其涂；“围地”，吾将塞其阙；“死地”，吾将示之以不活。

故兵之情：围则御，不得已则斗，过则从。

是故不知诸侯之谋者，不能预交；不知山林、险阻、沮泽之形者，不能行军；不用乡导者，不能得地利。四五者，不知一，非霸、王之兵也。夫霸、王之兵，伐大国，则其众不得聚；威加于敌，则其交不得合。是故不争天下之交，不养天下之权，信己之私，威加于敌，故其城可拔，其国可隳。施无法之赏，悬无政之令，犯三军之众，若使一人。犯之以事，勿告以言；犯之以利，勿告以害。

投之亡地然后存，陷之死地然后生。夫众陷于害，然后能为胜败。

故为兵之事，在于顺详敌之意，并敌一向，千里杀将，此谓巧能成事者也。

是故政举之日，夷关折符，无通其使；厉于廊庙之上，以诛其事。敌人开阖，必亟入之。先其所爱，微与之期。践墨随敌，以决战事。是故始如处女，敌人开户，后如脱兔，敌不及拒。

《九地篇》是研究战争进入纵深序列方面的谋略。开头，作者没有重复上三篇所说的“地”，而是说深入敌国之后，如何根据不同战地采取不同的谋略问题。在讨论这一问题的同时，还是阐述将帅素质的问题。本篇安排了六个阵图。

第三十七阵 “九 地”

——《九地篇》一阵图

九 地

“散地”则无战，“轻地”则无止，“争地”则无攻，“交地”则无绝，“衢地”则合交，“重地”则掠，“氾地”则行，“围地”则谋，“死地”则战。

本阵图阐述的是何为“九地”，以及进入“九地”作战的“为客之道”，即作战的规律、原则。为了方便读者理解，有必要将“九地”的特点、作战规律一一归纳，展示如下：

“散地”，指在本土作战的地区。由于战场离家近，士卒容易逃亡、溃散，因而叫“散地”。“散地”是不宜作战的。

“轻地”，指进入敌国不深，离本国不远，士卒仍容易逃散，所以叫“轻地”。在“轻地”上，部队不宜停留。

“争地”，指敌我双方都有利，彼此必须争夺的地区。因此，要抢占要点，不要让敌军占据后再去进攻。

“交地”，指敌我双方都可以去的地区。这里，道路交错，交通方便，所以叫“交地”。在“交地”，军队部署要保持联系，互相策应。

“衢地”，指四通八达或几国交界之处的地区。要首先到达，与邻国结交，以得到他们的支持帮助。

“重地”，指远离本国，进入敌国纵深，背后有敌国的很多城池，而且是后退困难的地区。在“重地”，要注意给养补充，因粮于敌，保证部队的供给。

“圮地”，指山林、隘路、水网沼泽等难以通行的地区。在‘圮地”，要迅速通过。

“围地”，指进入的道路狭窄，退路迂回很远，敌人用少量的兵就容易包围攻击我军的地区。陷入“围地”时，必须运用计谋，以免被敌人包围。

“死地”，指迅速行动、奋勇作战才能求得生存，否则死路一条的地区。在“死地”，无路可走，必须告诉部队，只有拼死作战，才能死里求生。

《九变篇》说了“五地”，《行军篇》说了四种地形和六种特殊地形，《地形篇》说了“六形”，本篇又说“九地”，孙武如此纵论地形，充分展示了古代“兵要地理”。因为各篇阐述的旨意和目的不同，虽然相互之间有少许重复，可以理解，其实也起到互为补充的作用。地形是死的，关键在于根据战争的实际情况，研究在各种地形之下的战略战术，机动灵活地战胜敌人。

朝鲜战争，在“积极防御，持久作战”的战略方针指导下，我军作战变换了花样。什么新花样呢？

“一条大河波浪宽，风吹稻花香两岸……”《我的祖国》的插曲家喻户晓。我军一位年轻的女卫生员，给坚持坑道作战的伤病员唱起这首优美动听的歌，打动了战士们的心，鼓舞了士气。电影《上甘岭》真实地反映了上甘岭战役我军实施坑道战，与侵略者周旋，打击敌人的情况。

1951 年 7 月，停战谈判开始后，敌我双方围绕军事分界线问题展开了激烈的争夺，阵地的得失和巩固事关大局。9 月上旬，志愿军党委决定了以阵地战为主要的作战形式。11 月，正式确立“积极防御，持久作战”的战略指导方针。从这时开始，我军一方面以小分队出击不断袭扰敌人，一方面集中力量构筑以坑道为骨干的支撑点式的防御阵地体系。至 1952 年 8 月，我军第一线、第二线防御阵地上的坑道工事基本完成。在横贯朝鲜半岛 250 公里的战线上，形成了约 20 ~ 30 公里纵深的、以坑道工事为中心的防御体系。志愿军还不断改进坑道工事，使之能防空、防炮、防毒，能防能打，即使现代战争之下也能保存有生力量。据不完全统计，抗美援朝战争，我军共构筑坑道 1250 公里，形成了以坑道为骨干、与野战工事相集合、支撑点式的坚固阵地，成为世界战争史上前所未有的“地下长城”。

这年秋天，联合国军在板门店谈判休会期间调动 6 万多人，向“三八线”发动了大规模进攻，企图夺取上甘岭阵地，用武力获得他们在谈判桌上得不到的东西。上甘岭战役打得非常惨烈。43 天时间里，在上甘岭这块仅 3.7 平方公里的土地上，美国出动 3000 多架次飞机，倾泻 190 万发炮弹和 5000 多枚重型炸弹，将两个高地的山头削了两米。在敌人的猛烈进攻面前，志愿军发扬革命英雄主义精神，依托坑道工事坚守阵地，打退了敌人数十次疯狂进攻，歼敌 2.5 万多人，为中朝军队大反攻赢得了时间，并使整个朝鲜战场的形势发生了根本的变化，以美军为主的联军被迫重新坐下来谈判。1953 年 7 月 27 日，无可奈何地在停战协定上签了字。

上甘岭战役，创造了我军依托坑道工事进行坚守防御的光辉范例。

冷兵器时代的战争，重视地域界限，讲究战场离家远近、在本国或在敌国等。“九地”很大程度就是这样去划分。如除了“散地”指本土作战外，其他基本是指进入敌国作战。现代战争，不管在哪里打仗，注重的是作战形式。是采用运动战，还是阵地战，或是游击战？完全根据作战的指导方针决定。朝鲜战场的坑道战，是阵地战的一种作战形式。所有这些，都是人决定的。

孙武的思维从“九地”联想到用兵艺术、指挥艺术，于是，重提一条用兵法则。什么法则？请看下一阵图。

第三十八阵　“合于利而动”

——《九地篇》二阵图

合于利而动

能使敌人前后不相及，众寡不相恃，贵贱不相救，上下不相收，卒离而不集，兵合而不齐。合于利而动。敌众整而将来，待之若何？先夺其所爱，则听。

兵之情主速，乘人之不及，由不虞之道，攻其所不戒。

在《虚实篇》中，孙武强调了一个非常重要的法则，作为一个出色的军事家、指挥员，就要做到“致人而不致于人”，即能够调动敌人，而不被敌人所调动。本阵再次重申这条法则。

这条法则下的指挥艺术表现在：一是能够使敌人前后部队不能互相策应衔接，主力和非主力不能互相依靠，官兵之间不能互相救应，上下不能互相包容，士卒离散后不能集合整齐。二是凡是能够有利于我方的就行动，不利于我方的就停止。三是有人问：“如果敌军众多，阵势又严整，前来向我方挑战，应该怎样对付呢？”回答是：“打击和夺取敌人的要害处，就能使其陷于被动而听从于我了。”四是关键在于神速，乘敌人措手不及，抓住时机，走敌人意料不到的路，攻其没有戒备的地方。

“致人而不致于人”、“合利而动”，我军各级将领深谙此道。共和国第一将军粟裕在长年的军事生涯中，不知演绎了多少这样的故事。

1947 年 1 月，为了集中兵力歼灭在鲁南实行防御的国民党整编 26 师及第一快速纵队。时任华东野战军副司令员的粟裕，命令部队日夜兼程赶到作战地点。不料 1 师在越过陇海路时，被国民党飞机从空中侦察发现。有的同志担心暴露目标，急忙请示是否还昼夜兼程。粟裕马上指出：“为什么不能将计就计，迷惑敌人呢？现在我命令你们 1 师立即以营、连为单位，继续白天行军。”我军这一反常行动，果然造成敌人错误判断，于是对我军的秘密行动未作相应防范。

1 月 2 日 22 时，我军以排山倒海之势发起全线攻击。敌人居然毫无防备，其 26 师师长还在峄县过元旦没有回营。失去指挥的敌人乱成一锅粥，仓促应战。在我左右纵队的合击之下，当月 4 日晨，敌军整编 26 师师部及其两个旅大部被歼。10 小时后，其残部与第一快速纵队也全军覆灭。

鲁南战役后，蒋介石急调 53 个旅组织会战，进攻我华东野战军。国民党国防部参谋总长陆军上将陈诚采取南北夹击战术，让整编 19 军军长欧震率领 8 个整编师由南向北，让第二“绥靖”区副司令长官李仙洲率 3 个军由北向南，企图南北合围，把我军消灭在沂蒙山区。粟裕审时度势，毅然决定挥师北上，吃掉北线之敌。

为了迷惑敌人，粟裕命令第二、第三两个纵队在临沂及其以南地区采取扩大正面防御，构筑三道阵地，摆出一副决战的架势，造成我军主力就在临沂一带的假象，并节节阻击，与敌纠缠。同时，他还亲自布置兖州附近的地方武装，积极进逼兖州，并在运河上架设桥梁，声言要与刘邓中原部队会合，造成我军主力西渡运河的模样。

粟裕精心布置的这个迷魂阵，骗过了陈诚。当时，坐镇山东济南的国民党山东省主席兼第二“绥靖”区司令长官王耀武嗅出了些味道，当他发现我军自费县向西北方向运动时，立即调整部署，急令北线部队全线收缩。为了彻底迷惑敌人，粟裕命令先头部队不要攻击正在后缩的敌军。这一招果然生效。陈诚不能容忍王耀武对自己命令的蔑视，严令后缩的北线部队重新向莱芜、新泰攻击。已经逃出我军包围圈的敌人又重新钻进我军专门为他们设置的口袋中。由于陈诚中了计,敌军只好听命于粟裕的“指挥”和“调动”了。我军取得莱芜大捷自然在情理之中。

这一段，孙武实际上是借古人之言总结指挥作战的经验和指挥艺术，旨在深入敌国后借鉴。于是，阐述了这方面后，他马上回到了主题——进入敌国后的作战谋略。他又说了些什么呢？继续看下一阵图。

第三十九阵 “为客之道”

——《九地篇》三阵图

为客之道

为客之道，深入则专，掠于饶野，谨养而勿劳，并气积力，运兵计谋，投之无所往。

本阵图主题是介绍进入敌国作战的规律，即“为客之道”。孙武说的大致有如下方面：一是深入敌人之后，由于远离家乡，士兵就会专心致志，拼死作战，敌军是无法抵抗的。二是掠夺敌国的粮食，使自己的军队有充足的给养，就是“因粮于敌”。三是适时休养士兵，精蓄锐气，调动军队，巧设计谋，把战略部署搞得更严密一些，让敌人感到深不可测。四是把部队放到无路可走的地方，即置之死地而后生的地方。孙武非常强调这一观点，而且用了相当篇幅阐述至之死地而后生的道理和好处：因为无路可走，只能拼死作战；敢于拼死，哪有不胜之理？在这种境地，上下只能竭尽全力了。因为越危险的地方，反而不再感到恐惧；越无路可走，军队就会越巩固；越深入，士卒就会越团结，不散漫。到了万不得已的时刻，就会拼个死活。这时候，不用告诫提醒也会自行戒备；不用鼓励，也会出力；不用约束，都会亲密合作；不用命令，也会遵守纪律。他们不迷信，不犹疑，战死都不会逃离；他们没有多余的钱财，但并不是不爱钱财；他们不贪生怕死，但不是不想长寿。当赴死的命令下达后，他们也会泪流满面，泪洒衣襟。这时候，他们都会像专诸、曹刿一样勇敢。

置之死地而后生，虽属无奈，却符合辩证法。物极必反，孤注一掷，或许会走出困境。

第五次反“围剿”失败后，中央红军被迫长征。1935 年 5 月，中央红军来到大渡河边。他们以迅雷不及掩耳的动作击溃了两边的守敌，占领了安顺场渡口。可是找了许久，才找到 3 只小船。大渡河水急，不能架桥。若靠这 3 只小船渡江，全军人马至少需要 20 天。这时，蒋介石坐镇贵阳，督师围剿，认为前有大渡河，后有金沙江，红军已面临石达开第二的危境，消灭红军，在此一举。于是，指挥敌 53 师等部追赶红军。红军在安顺场渡江成功，蒋介石更为震惊，便把防御重点转到泸定桥，命令死守，又急忙调兵增防和“追剿”。

情况危急！红军面临进入死地的状况。1863 年，太平天国翼王石达开天京出走，就是走到这里，无法过河，导致全军覆没。难道红军真的要成为“石达开第二”？

在安顺场，毛泽东与总参谋长刘伯承、政委聂荣臻研究“后生”的对策，决定兵分两路，右纵队继续从安顺场渡河，左纵队由红4团团长王开湘、政委杨成武率领，沿河西岸北进，夺取泸定桥。毛泽东对杨成武他们动情地说：“两万多红军的命运就交给你们了，你们要用自己的行动来证明，蒋介石的梦想是不会得逞的！”

兵贵神速，必须和敌人抢时间，争速度，赶在敌人增防部队到达之前夺取泸定桥。有趣的是，在河的两岸，一边是蒋介石派出增防的敌军，一边是我们的红四团。红四团轻装上阵，冒着暴雨，昼夜兼程。而敌人在暴雨前面停下了脚步。红军在羊肠小道上，边行军边打仗，第一天赶了80里，第二天走完240里。他们从27日出发，终于在29日凌晨到达泸定桥，占领了西岸阵地。

下午4时，红军发起总攻，22名突击队员在我方火力掩护下，攀着泸定桥的铁索，渡过河，以伤亡3名突击队员的代价，夺取了泸定桥，占领了泸定城，红军主力从泸定桥顺利过河。蒋介石聚歼中央红军于大渡河边的计划破产了。

中央红军置之死地而后生。不过置之于死地的，不是我们自己，而是为蒋介石所逼。在毛泽东英明的指挥和红军指战员拼死的努力下，他们获得了“后生”。

置之死地而后生，全靠将帅指挥得法。孙武的思路自然转到将帅的责任上面来，于是有了下一阵图。

第四十阵　“将军之事”

——《九地篇》四阵图

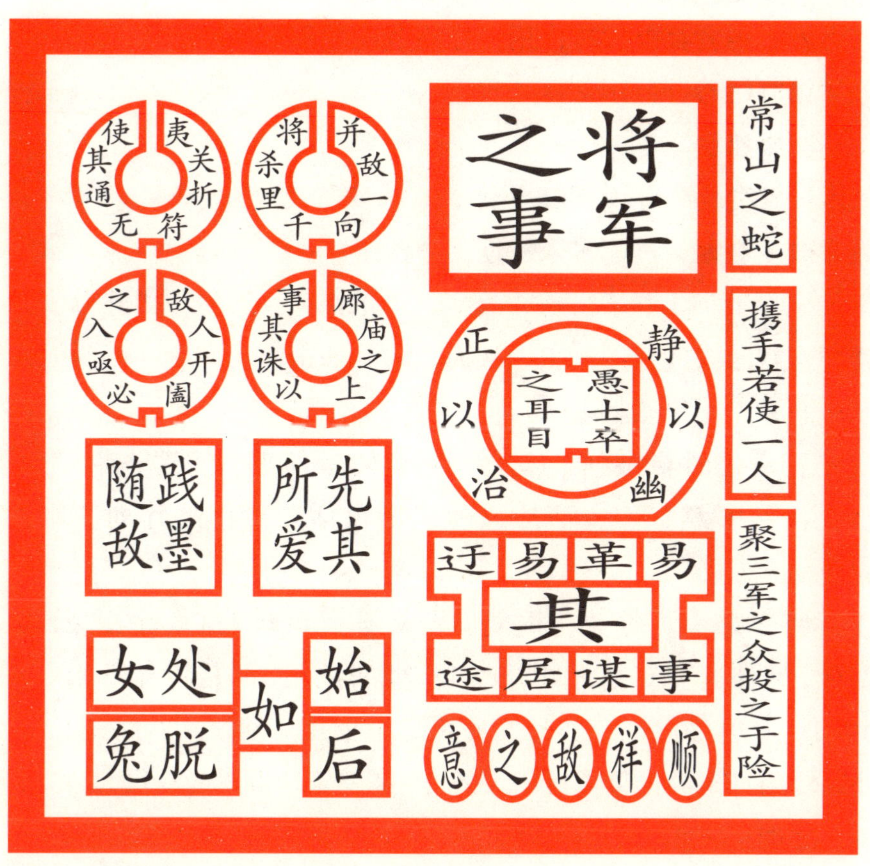

将军之事

常山之蛇；携手若使一人。

将军之事：静以幽，正以治；愚士卒之耳目；易其事，革其谋；易其居，迂其途；聚三军之众，投之于险。

顺祥敌之意；并敌一向；千里杀将。

夷关折符；无通其使；廊庙之上，以诛其事；敌人开阖，必亟入之。先其所爱。践墨随敌。始如处女，后如脱兔。

讲到将军之事即将军的作战指挥、处理事情或将军的责任，孙武归纳了不少观点。为了便于理解，不妨一一罗列：

像常山之蛇“率然”那样，能够互相支援，首尾策应；

使全体士卒像一人那样奋勇作战；

使强者、弱者都能发挥作用，懂得利用地形；

处事镇静沉着，公正又有条理；

保守军事秘密；

战术经常变化，计谋不断更新；

经常改变驻地，进军多采取迂回办法；

聚集全军士卒，置于亡地、死地，已求保存、后生，操胜券；

谨慎审视敌人的意图，集中兵力，攻其一个方向；

长驱直入，千里杀将；

决定行动之时要做到：闭关、断绝使者往来、庙算、乘虚而进、夺取要地、出敌不意、不宣而战、随敌情灵活改变作战计划、始如处女、后如脱兔。

上述将军之事，难免有重复，可见孙武苦口婆心。他还强调说，九地的变化，屈伸通变有利之处，士卒心理的把握，都是将帅不能不研究的。

1940年8月20日至12月5日的三个半月时间里，八路军总部对山西正太铁路侵华日军进行了“百团大战”。这一轰动世界的战役，最能体现“将军之事”之理。

“百团大战”实际是针对正太线的日军而发动的一场战役。正太线是山西的第一条铁路。东起正定，西抵太原，沟通河北平原和山西高原，联结平汉、同蒲两条铁路，是华北日军将山西煤炭外运的主要通道。日军派驻重兵，并在沿线和铁路两侧构筑了坚固的据点，号称是一条“钢铁封锁线”。

早在4月末，八路军副总指挥彭德怀就准备发动这场战役，狠狠地干他一家伙。8月8日，朱德、彭德怀、左权签署了《战役行动命令》。这场战役由我军120师、129师和晋察冀军区参与，实际出动105个团。彭德怀、左权起了个“百团大战”的不朽名字。

百团大战分三个阶段进行。

第一阶段，从8月20日至9月10日，八路军主力由3个方向向正太线、同蒲线北段出击，其余部队也开始破击平汉线、石德线、白晋线等交通线。129师出击正太线平定至榆次段。晋察冀军区主力乘正太线日军主力南下之机，发起盂县战役。冀中军区、冀东挺进军等部队也对各交通要道实施破袭。我120师主力全线出击，给太原日军造成极大恐慌。河北日军疲于应付，顾此失彼，致使同蒲线中断18天。

第二阶段，从9月16日至10月2日，129师发动榆辽战役，晋察冀军区发动涞灵战役。120师为了支援上面两个战役，同时发动了同蒲线北段破击战。同蒲线北段再度中断。

第三阶段，从10月上旬至来年1月，各部队进行艰苦卓绝的反“扫荡”作战。据晋西北反“扫荡”作战统计，历时40天，歼敌2500多人，破坏公路125公里，桥梁23座，在战役中被敌人侵占的所有城镇全部收复。

在百团大战中，八路军进行大小战斗1824次，毙伤日军20645人、伪军5155人，俘虏日军281人、伪军18407人；缴获各类枪支5942支、各种炮53门；破坏铁路474公里、公路1502公里。

百团大战的胜利是我八路军总部周密部署、卓越指挥的结果，是各参战部队同仇敌忾、协同作战的结果，是我军出其不意，攻其不备的结果。终归结底，是我军战略战术的重大胜利。日军根本没有预料到八路军会发动如此大规模的攻势，麻痹大意，因而处处被动，损失惨重。

在阐述“将军之事”过程中，孙武把自己的思维推向纵深，深入思考了两个问题。第一个问题是进入“九地”之后，仗如何打？如何应对“九地”的情况？他如何阐述这个问题？不妨看下一阵图。

第四十一阵　“九地之变”

——《九地篇》五阵图

九地之变

九地之变。“散地”，吾将一其志；“轻地”，吾将使之属；“争地”，吾将趋其后；“交地”，吾将谨其守；“衢地”，吾将固其结；“重地”，吾将继其食；“氾 地”，吾将进其途；“围地”，吾将塞其阙；“死地”，吾将示之以不活。

孙武说，进入敌国作战的规律是：进入得深，士卒就专心致志；进入得浅，就容易逃散。他再次阐述了“九地”的特点：离开本国进入敌境作战的，叫做绝地；四通八达的地区，是衢地；进入敌国很深的地区，是重地；进入敌国浅的地区，是轻地；背后有坚固的城池，前进道路狭隘的地区，是围地；无处可走的地区，是死地。显然，这与本篇第一阵谱介绍的有所重复。然而，这种重复是必要的。

于是，他从上述不同地区的不同情况出发，提出了不同的战略行动方针。他说，在“散地”上，就要想方设法做好官兵的工作，统一他们的意志。在“轻地”上，部署要严密，使军队紧密连接，不停留。在“争地”上，就要使部队迅速迂回到敌后。在“交地”上，就要严密警戒，坚壁慎守。在“衢地”上，就要加强同邻国的交往、结盟。在“重地”上，要注意补充粮食给养。在“圮地”上，就要赶快通过。陷入“围地”时，索性堵死缺口，使士卒看到无路可走，只好拼命。到了“死地”，就要告诉部队，只有拼死战斗，才能死里求生。士卒的心理就是这样，被围则抵抗，迫不得已则拼死，陷入困境则听从指挥。

“九地”的战略行动方针的实质，就是根据纵深的不同地形和不同的情况，采取不同的应变对策，灵活机动，随机应变。在抗美援朝第二次战役的新兴里战斗中，我志愿军第 27 军创造了一个以劣胜优的人类战争史上的奇迹——成建制地全歼美军一个加强步兵团。这也是我军征战史上的一个光辉范例。

在第一次世界大战中，美军步兵师第 31 加强步兵团成功地攻入俄国西伯利亚，战功显赫，被伍德罗·威尔逊总统授予“北极熊团”称号，并亲自授“北极熊旗”。1950 年 11 月，东线美军第 10 军团分三路北进。“北极熊团”占领了新兴里地区。

负责歼灭“北极熊”团的是我志愿军 27 军。指战员们非常清楚，面对的敌人不可一世。确实，此时的“北极熊团”，由 3 个步兵营、一个坦克连编成，员额 3191 人。主要武器装备除步枪、卡宾枪、轻重机枪外，还有大量的 60 或 90 火箭筒、57 反坦克炮、60 迫击炮和坦克 22 辆。加上配属兵力，总兵力达 4100 人、各种火炮 46 门、坦克 37 辆。同时，该团作战时，每天还可得到航空兵 2 ~ 8 架次飞机火力支援。而我军，仅有少量的小口径炮和 60 火箭筒。敌我武器装备悬殊之大，堪称天壤之别。为此，“北极熊团”根本不把志愿军放在眼内。

唯武器论的人总是忽略了人的因素。具有光荣历史传统和敢打敢拼的战斗作风的我 27 军，决心宰了这只“北极熊”，啃下这块硬骨头。鉴于敌人武器装备先进，又有空军支援，他们采取近战夜战的传统战法，出敌不意，攻其不备，扬长避短，克敌制胜。

1950 年 11 月 27 日午夜，我 27 军第 80 师、加强 81 师 242 团共 4 个团，冒着零下 35℃的严寒，向新兴里地区之敌发起进攻。不妨把当时的战事作如下实录：

239 团 4 连的一个排，神不知鬼不觉地进至新兴里东山，发现山腰几顶帐篷内有大约一个排的美军在睡觉，立即把敌人包围起来。顷刻，30 多个美军被歼。另外两个排穿插至该山另一侧时，只听见前面房子里的敌人“哇啦哇啦”地叫喊，误认他们为自己人。这正好给他们指示了目标。于是，轻重机枪一齐开火，撂倒了一片。接着，各战斗小组利用地形地物，跃至屋边，有的端枪扫射，有的向屋内投手榴弹。敌人完全被我军的这种贴身战术打蒙了，丑态百出。4 连用这种打法，连续夺取了敌人多座独立据点，捣毁了敌人一个炮兵营指挥所，击毙了该团团长麦克莱恩。

当月 28 日晨，被包围在新兴里的“北极熊团”余部组织反扑。我第 80 师奋勇杀敌，付出了壮烈的牺牲，伤冻阵亡人数过半。40 团 3 连仅生还一人。

企图为新兴里解围的敌人，在十几辆坦克和多架飞机配合下，沿村南公路向我 242 团阵地发动一轮又一轮猛烈进攻，均被击退，还被我军炸毁了 4 辆坦克。

至 12 月 1 日晨，“北极熊团”残部在我军连日打击之下，终于不支。在 40 余架飞机和 10 多辆坦克的掩护下，沿公路拼死突围，但都全被 242 团截住消灭。至此，“北极熊团”3191 人全部被歼，无一脱逃。239 团 3 营通讯班长在打扫战场时，还缴获该团的军旗。

美国陆军引以为豪、最精锐的“北极熊团”整团覆灭，军旗被缴，团长被毙，这在美军历史上是绝无仅有的。我军在冰天雪地的异地，在武器装备对比如此悬殊的情况下，能够取得这一胜利，说到底，是灵活机动的战略战术的胜利。

在阐述“将军之事”过程中，孙武深入思考的另一个问题是，如何造就一支“霸王之兵”，即能够称王称霸的强大军队？对此，本篇最后的一个阵图作介绍。

第四十二阵　“霸、王之兵”

——《九地篇》六阵图

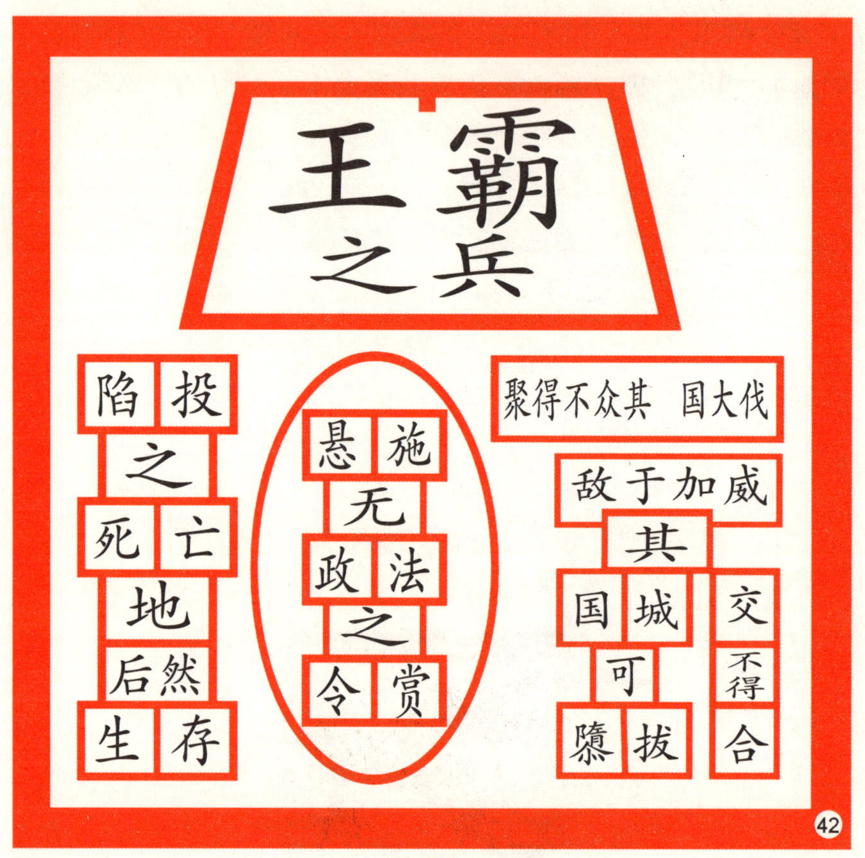

霸、王之兵

霸、王之兵，伐大国，其众不得聚。威加于敌，其交不得合；威加于敌，其城可拔，其国可隳。施无法之赏，悬无政之令。

投之亡地然后存，陷之死地然后生。

本阵图可看作是对全篇的总结。“将军之事”高明，“为客之道”得当，才能成就“霸王之兵”。

在《军争篇》中，孙武曾明确提出实施“迂直之计”争取先机的三个条件，即不知诸侯的战略意图，不能与其结交；不知山林、险阻、沼泽的地形，不能轻易行军;不重用乡导，无法了解有利的地利。在阐述“霸王之兵”之前，孙武有意重申这三条，实际上把这三条以泛指“将军之事”和所有的战略战术原则。他指出，对这些，只要有一方面不了解，都不能成为“霸王之兵”。

什么是“霸王之兵”？第一，有实力。攻打大国，敌方来不及动员民众和召集军队；第二，有威势，足以使敌方不敢与别国结交。不必争着与那国结交，也不必培植哪一国的势力，只要对敌国施加威力，就能攻取城池，毁灭别国；第三，有严明的纪律制度。奖赏破格，号令非常，指挥全军如同指挥一个人一样。如，命令他们执行任务，不必说明什么，讲有利的方面，不讲危险方面。第四，能够在亡地、死地中求生存，操胜券。

造就“霸王之兵”，归根结底靠的是“将军之事”。我军有一大批能征善战的指挥员，所以，能够从无到有，从小到大，攻无不克，战无不胜。就以刘伯承元帅来说，他是我军著名的军事家。戎马倥偬，不仅创造了许多军事史上的奇迹，还写出了 390 万字的军事著作和翻译 190 万字的作品。

红军长征时期，刘伯承在红军总部担任总参谋长，协助毛泽东、朱德筹划全局，指挥作战，表现了他杰出的军事才干。如“攻克娄山关”、“两破遵义城”传为佳话。1935 年 5 月，在国民党军队的围追堵截下，中央红军分析敌情，决定先头部队分兵三路，向金沙江急进，分别夺取龙街、洪门、皎平渡口，抢船过江。其他两路都是明抢直夺，敌军焚船而逃。只有刘伯承部队化装成敌军，骗取了国民党县长的信任，夺取了船只。最终，全部红军从皎平渡口顺利过了金沙江。“四川称刘伯承是一条龙下凡，江水怎么会挡得住龙呢？他会把我们带过去的。”事后，毛泽东风趣地引用了朱德的话。这就是“巧渡金沙江”的故事。过彝区时，刘伯承与小叶丹结盟，又是一个常被人们传诵的出色地执行中央民族政策的典范。

红军在渡江后，进入彝族地区。少数民族由于长期处于国民党统治，遭受民族歧视和欺压，加上国民党的挑拨离间，对红军不了解。弄得不好，就会给红军过彝区造成困难。为此，中央红军以毛泽东、朱德的名义签署了一份关于“民族政策”的文件。

刘伯承和聂荣臻的先遣队是率先进入冕宁彝族地区的。他们感到，红军制定的“民族政策”文件非常正确。少数民族地区有少数民族地区的特殊情况，进入这种特殊地区应有特殊策略。在这里，打土豪分田地的做法显然不能实行，取而代之的首先是做好民族头领的工作。于是，进入冕宁后，立即释放了被国民党抓为人质的所有彝民，树立了“新汉人”的形象。此后，刘伯承根据其丰富的历史知识，在当地地下党领导人廖志高的帮助下，找到了太平天国石达开军队的后人陈志喜，了解当地的情况，随即做小叶丹的工作，争取他对红军的支持，还与小叶丹结盟。这一来，红军快速、顺利地通过了彝区。

毛泽东知道刘伯承与小叶丹结盟后，风趣地问刘伯承：“诸葛亮七擒孟获（在历史上，此地是孟获的家乡），用了那么多年，你用什么办法让我们三天就能通过彝区的？”刘伯承回答：“用中央的新民族政策。”

刘伯承元帅是这样一个智勇双全的著名的军事家。他还具有带兵、练兵、用兵的才能，为我军培养了一大批复合型的高级将领。据统计，20 世纪 50 年代末至 70 年代，镇守全国 11 个战略大军区的统帅，几乎有一半是他的学生，他们确保了中国半壁江山的安危。

进入纵深，歼灭敌人，打了胜仗，战争结束。至此，孙武用了整整 11 篇的篇幅，四个序列的笔墨，系统完整地研究和探讨战争中一般的规律和谋略，对战争具有普遍的指导意义。然而，战争千变万化，战争的谋略也是层出不穷的。于是，作者根据当时的战争的实际，有目的地抓住两个特殊谋略继续进行探究。让我们遵循作者的思路，进入两个特殊谋略序列。

第十二篇　火攻篇

孙子曰：凡火攻有五：一曰火人，二曰火积，三曰火辎，四曰火库，五曰火队。行火必有因，烟火必素具。发火有时，起火有日。时者，天之燥也；日者，月在箕、壁、翼、轸也。凡此四宿者，风起之日也。

凡火攻，必因五火之变而应之。火发于内，则早应之于外。火发而其兵静者，待而勿攻。极其火力，可从而从之，不可从而止。火可发于外，无待于内，以时发之。火发上风，无攻下风。昼风久，夜风止。凡军必知有五火之变，以数守之。

故以火佐攻者明，以水佐攻者强。水可以绝，不可以夺。

夫战胜攻取，而不修其攻者凶，命曰“费留”。故曰：明主虑之，良将修之。非利不动，非得不用，非危不战。主不可以怒而兴师，将不可以愠而致战；合于利而动，不合于利而止。怒可以复喜，愠可以复悦；亡国不可以复存，死者不可以复生。故明君慎之，良将警之；此安国全军之道也。

先讨论《火攻篇》，本篇设计三个阵图。

第四十三阵 “火攻有五”

——《火攻篇》一阵图

火攻有五

火攻有五：火人，火积，火辎，火库，火队。行火必有因，烟火必素具。发火有时，起火有日。

文章开头，孙武就直截了当地指出了火攻的对象。他说使用火攻的谋略，面对的对象有五种：一是火烧敌人的营寨和敌军士兵；二是火烧敌人的器材、粮食、饲料；三是火烧敌人的辎重；四是火烧敌人的仓库；五是火烧敌人的粮道。他还说，实施火攻是有条件的。火攻的器材必须准备好，放火要看天时，起火要看日子。所谓天时，就是干燥的季节；所谓日子，就是月亮行经"箕"、"壁"、"翼"、"轸"四星宿的位置。为什么呢？因为凡是月亮经过四星宿的日子，就是有风的日子。这时候实施火攻，就一定能够成功。

俗话说，水火无情。火攻，是一种歼灭敌人的好战术。在刀枪剑戟的冷兵器时代普遍使用，成功的范例很多。《三国演义》写这方面的故事十分精彩，家喻户晓。例如，周瑜火烧连环船大破曹兵的赤壁之战；诸葛亮南征孟获盘蛇谷火烧藤甲兵之战；东吴陆逊焚烧蜀军连营七百里的彝陵之战等。抗战时期，我们的八路军、新四军和各抗日根据地的游击队，毁铁路、炸火车、端碉堡、烧粮仓、袭辎重，有力地打击日本侵略军。这些办法，实际上是火攻谋略的具体运用。

毛泽东、朱德井冈山会师后，井冈山革命根据地得到了扩大和发展。1930 年，红军主力进攻吉安城。然而，狡猾的敌人在吉安城外设置了重重障碍，给我军攻城制造了很多的困难，吉安一时无法拿下。

红军发动群众出主意，献计策。安福、泰和、永丰、峡江等县和吉安城附近的赤卫队知道红军攻城受挫，主动联合和组织起来，献上一计。晚上，他们准备了许多棉花、煤油、油桶和爆竹，牵来了成群的黄牛、水牛，有的用细铁丝把棉花卷成条，洒上煤油，绑在牛尾巴上，有的把油桶打通，中间穿一根卷了少量棉花的铁丝，并在铁丝上捆绑许多爆竹，再绑到牛尾巴上，还有的准备了大量的稻草和桥板，一切准备就绪。

时至深夜，攻城开始了。赤卫队员牵着牛，背着稻草和桥板，悄悄来到吉安城下。冲锋号响了，赤卫队员把牛尾巴上的棉花和爆竹一齐点着。顿时，被烧痛和爆竹声惊吓了的几百头牛，一股劲地向前冲去，勇猛异常，万夫莫当，再加上队伍的喊杀声，城里的敌人还在做梦，突然惊醒，眼看着惊吓的一片"火牛"，不知所措。敌人还没有来得及还击，"火牛"已经冲破了障碍，越过了战壕，背着稻草和桥板的赤卫队员跟着“火牛”，很快就把木桥搭好，把壕沟填平。随即红军主力部队攻进城里。惊慌失措的敌人有的逃跑，有的投降了。天还没有亮，整个吉安城就全部解放了。

“火牛阵”智取吉安城，高明之处在于巧用“火牛”，借助夜深，在敌人毫无防备之时实施火攻。

“行火必有因”，一个“因”字，既讲火攻的条件，也讲到接应和配合的问题。“五种”火攻如何灵活配合应用？下阵图分解。

第四十四阵　“五火之变”

——《火攻篇》二阵图

五火之变

五火之变。火发于内，则早应之于外；火发而其兵静者，待而勿攻；极其火力，可从而从之，不可从而止；火可发于外，无待于内，以时发之；火发上风，无攻下风。以数守之。

火佐攻者明。

孙武介绍了火攻的对象和条件以后，接着说到火攻的运用问题。他的观点是，凡火攻，都因对象和实际情况而变化使用，并要兵力配合。凡是从敌人内部放火的，就要及时派兵从外部策应。火烧起来后，如果敌军队伍不乱，士兵不喧哗，则说明敌人有了准备。这种情况应等一会，不要马上进攻，待火势迅猛后再决定。如果可以进攻了，就进攻；如果不能进攻，则停止进攻。凡是从敌人外部放火的，就不必等待内应了，只要适时放火就行。在上风放火，不要在下风进攻。白天风刮久了，夜晚就停止了。军队必须懂得五种火攻的方法，并根据观察起风的征候而使用。孙武非常重视有风的时刻，因为此时使用火攻，风助火势，火助风威。有风，就是最好的配合。

说到此，孙武稍稍提到了水攻问题，认为火攻、水攻都是进攻的辅助手段。火攻的作用在于容易取胜；水攻的作用则在于加强攻势，断绝敌军。火攻、水攻的作用不可忽视。

五火之变，以数守之，实质是要求军队灵活运用火攻歼敌。在我军战史上，也不泛火攻的例子。

1938 年，新四军进入江南，粟裕打了韦岗一役不久，陈毅亲自部署，让 2 团 1 营营长段焕竞联系丹阳自卫团管文蔚，7 月 1 日偷袭新丰火车站。

新丰车站位于镇江、丹阳之间，是京沪铁路上日军的一个大据点，驻扎着日军师团松野联队的一个中队和伪军 100 多人。这个中队 7 月 2 日将随日军 15 师团开赴武汉前线。连日来，他们吃喝宰杀，忙于转防，夜间敞门而卧，岗哨也不派。

段焕竞布置管文蔚自卫团切断新丰车站与外界联系的所有电话线，同时破坏铁路、公路，把新丰火车站彻底孤立起来。

7 月 1 日夜，战斗打响了。突击队员们蹿进大楼，按照预定计划，先将所有枪支缴下，再打他一个措手不及。谁料一个队员的枪管触动了警铃开关，酣睡的日军惊醒了，战情骤然起了变化。日军凭着楼上楼下的死角，封锁大门、楼梯，困在楼内的突击队员左冲右突也出不来。

陈毅听了段焕竞报告后，指示道：“强攻也要用巧劲，不能死打硬拼，充分利用地形地物，用巧计取胜。”段焕竞忽然看到有一根被打断的枯枝燃起了火苗，心里倏地一动，来了灵气，一拍大腿："火攻！"这是他在三年游击战时经常用来对付白军的办法。

柴草、火油准备好了，战士冒死接近大楼。

倏地，火光冲天，新丰车站似自焚的巨人，熊熊燃烧。房内，机关枪声伴着绝望的嚎叫声。火光中，从房子里冲出来的十几个日军，全被突击队员砍翻了。镇江派出的援军前进数里，也被管文蔚的自卫团所阻，退了回去，丹阳之敌未敢妄动。

风助火势，火助风威，越烧越烈。随着一声撼天动地的轰鸣，大楼在烈火中坍塌了。80多名日本官兵化为灰烬。京沪线火车数日不通，公路交通中断一月有余。这就是火攻的威力。

火攻，是取胜的一种手段，将帅心头上的无名之火，却是指挥的大忌。孙武以此为籍口，对战争的看法，自有一番高论。他如何说？请听下一阵图分解。

第四十五阵　“安国全军之道”

——《火攻篇》三阵图

安国全军之道

非利不动，非得不用，非危不战。主不可以怒而兴师，将不可以愠而致战；合于利而动，不合于利而止。亡国不可以复存，死者不可以复生。明君慎之，良将警之；安国全军之道。

发动战争，总是有其目的。孙武说，打了胜仗，夺了别人的城邑，但没有达到预期的目的，耗费下去是很危险的。这叫做耗费资财的“费留”。所以说，贤明的国君要慎重地考虑这件事，优秀的将帅也要认真地研究这件事。没有利益就不行动，不能取胜就不去用兵，不到危急之时就不打仗。国君不可一时的愤怒而发动战争，将帅不可一时的气愤而出战。对国家有利的就行动，对国家不利的就停止。愤怒可以重新变为喜悦，气愤可以转变为高兴。但是，国家灭亡了就不能再复存，人死了就不能再复生。所以，贤明的国君对此要慎重，将帅对此要警惕，这是安定国家保存军队的关键。这段话，表面上在劝道国君、将帅不要随便发“火”，实际上是孙武提倡慎战的战争观的表白。言下之意再清楚不过：战争关系到国家存亡和保存军队问题，道理很简单，“亡国不可以复存，死者不可复生”，作为君主和将帅，对此必须慎之又慎。

孙武主张慎战的战争观，以及所讲的战争与国家、军队、人的生死存亡的关系，这段话精彩，有一定的道理和参考价值，但毕竟是下属对上级，臣对君的一种劝谏，其立场、观点都是站在统治阶级一方，为统治阶级服务的。由于作者所处的时代和阶级的局限性，不可能从根本上回答战争实质性的问题。如何正确看待战争，树立正确的战争观？学习孙武的战争观得到什么启迪？毫无疑义，这是学习本篇最重要的事。

马克思主义的战争观有如下基本观点：一是战争的起源，是私有制和阶级出现的产物；二是战争的本质，是政治的继续，流血的政治；三是战争的性质，有正义与非正义战争之分；四是战争的目的，最终是为了消灭战争。弄懂了这些基本观点，才能真正认识战争。只有真正认识战争，研究战争的谋略，才有前提和基础。譬如，抗日战争，是一场正义之战。日本侵略中国，无疑是非正义战争。尽管日军强大，最终注定失败，因为它是非正义的。我们力量暂时处于劣势，只要我们坚持持久战，坚持独立自主的游击战，并且有国际反法西斯同盟的帮助，就一定能够化劣势为优势，最终取得抗日战争的胜利，因为我们是正义的一方。为什么我们能够战胜武装到牙齿的八百万国民党大军？因为我军是共产党领导的人民军队，为了民族和人民的解放而战斗，得到广大人民群众的支持和拥护，得道者多助。我军有毛泽东和老一辈杰出的军事家指挥，战略、战术得当，所以能百战百胜。国民党军队是为少数人的利益卖命，人心涣散，失道者寡助，当然逃脱不了失败的命运。

在阶级、国家、政治集团利益冲突客观存在的社会，战争是难免的。我们并不反对一切战争，但我们不会挑起战争，我们的战争最终为了消灭战争。学习《火攻篇》的意义，不在于火攻，而在于加深对战争的认识和理解。

火攻的谋略运用，在现代战争中充其量处于辅助地位。但是，古今中外，凡战争“无所不用间也”。可见用间的地位和分量。孙武怎样阐述《用间篇》呢？请继续看《孙子兵法》的末篇。

第十三篇 用间篇

孙子曰：凡兴师十万，出征千里，百姓之费，公家之奉，日费千金。内外骚动，怠于道路，不得操事者，七十万家。相守数年，以争一日之胜，而爱爵禄百金，不知敌之情者，不仁之至也，非人之将也，非主之佐也，非胜之主也。故明君贤将，所以动而胜人，成功出于众者，先知也。先知者不可取于鬼神，不可象于事，不可验于度，必取于人，知敌之情者也。

故用间有五：有因间、有内间、有反间、有死间、有生间。五间俱起，莫知其道，是谓神纪，人君之宝也。因间者，因其乡人而用之。内间者，因其官人而用之。反间者，因其敌间而用之。死间者，为诳事于外，令吾间知之，而传于敌间也。生间者，反报也。

故三军之事，莫亲于间，赏莫厚于间，事莫密于间。非圣智不能用间，非仁义不能使间，非微妙不能得间之实。微哉！微哉！无所不用间也。间事未发，而先闻者，间与所告者皆死。

凡军之所欲击，城之所欲攻，人之所欲杀，必先知其守将、左右、谒者、门者、舍人之姓名，令吾间必索知之。

必索敌人之间来间我者，因而利之，导而舍之，故反间可得而用也。因是而知之，故乡间、内间可得而使也；因是而知之，故死间为诳事可使告敌；因是而知之，故生间可使如期。五间之事，主必知之，知之必在于反间，故反间不可不厚也。

昔殷之兴也，伊挚在夏；周之兴也，吕牙在殷。故惟明君贤将能以上智为间者，必成大功。此兵之要，三军之所恃而动也。

用间，是孙武研究的另一个特殊的谋略。《用间篇》的中心，就是研究间谍的使用问题。根据全文的内容，设计如下阵图。

第四十六阵 “无所不用间”

——《用间篇》一阵图

无所不用间

明君贤将，所以动而胜人，成功出于众者，先知。不可取于鬼神，不可象于事，不可验于度，必取于人，知敌之情者。

三军之事，莫亲于间，赏莫厚于间，事莫密于间。非圣智不能用间，非仁义不能使间，非微妙不能得间之实。无所不用间。

本篇对用间重要性的阐述，集中在第一、第三和最后的三个自然段里。第一个自然段，从将帅素质的角度说。指出，不会用间，就不是仁慈的人，不是良好的将领、不是国君的辅助，不是胜利的主帅。开明的国君，贤良的将帅所以能打胜仗，在于事先了解情况。他们了解敌情不是从信鬼神，靠推测，从星辰运行的方法验证获取，而一定是从了解敌人情况的人口中获取。第三个自然段，从间谍地位和作用的角度说。指出，在军队中，没有比做间谍的人更亲信，待遇更优厚，工作更秘密。具有圣贤般智慧，才能用间；仁慈慷慨的人，才能使间；用心巧妙，才能获得真实的情报。这是非常微妙的谋略，没有什么时间和情况不能使用间谍。最后一个自然段从结论上归纳。指出：能用高级有智慧的人做间谍，就一定会取得成功。伊挚、吕牙成功的范例。孙武强调用间是用兵的重要一着，军队行动的依据。可见，用间的重要。

我党我军历来重视情报战。以 1946 年的中原突围为例。

1946 年 6 月，蒋介石阴谋重演皖南事变，秘密调集 30 万大军，企图一举吃掉我中原军区的 5 万部队，发动全面内战。我军是如何获取这一绝密情报呢?

武汉，是当时国民党第六战区长官司令部行营机要室所在地。行营机要室设有文书课、电务课、参事室和专用电台。我地下党员刘绵任中尉机要员，在文书课担任总收发。行营收到的一切文件和电报都要签收，并由他拆开过目，再分送有关长官批阅。从当年 2 月开始，行营内文电来往频繁，显示了国民党军队陆续向中原地区集结。到 3 月底，已达 22 万多人。刘绵发现势头不对，暗自记下这些部队的番号、兵种、数量、武器装备、驻防地点、作战计划等内容。

如何将这些绝密的情报一一送到中原解放区去？活跃在武汉的中共地下党员费尽了脑子。中原军区驻汉代表吴德峰考虑到直接把情报送到中原军区宣化店司令部困难大、危险大，于是精心作了部署：通过刘绵、刘实、岳建中、陈枫几位地下党员的单线交接，最后，由公开身份的“军调处执行小组中共方面联络参谋”马寒冰从陈枫手中取得后，交给中原军区办事处电台以密码发往中原解放区司令部。

情报也经过精心制作。岳建中用绘图笔把情报抄在邮票大小的薄纸上，由陈枫卷起来塞进一支香烟里，放进漂亮的烟盒内。马寒冰来访时，陈枫就抽出这支烟给他，同时把情报放进火柴盒里，让马寒冰取走火柴盒。

上述情报传送链先后运转了一个月，国民党围困中原的绝密情报，源源不断地送到中原军区司令部。

中原军区司令员李先念根据党中央、毛主席的指示，以这些绝密情报为依据，采取分路突围、互相策应的具体策略。敌人预定 6 月 30 日发动总攻，6 月 26 日夜，我中原部队出其不意地突破了包围圈。我军用间获取了情报，成功地实现了中原突围。

用间获取情报如此重要，那么，用间的对象选择哪些呢？请看下阵图。

第四十七阵　“用间有五”

——《用间篇》二阵图

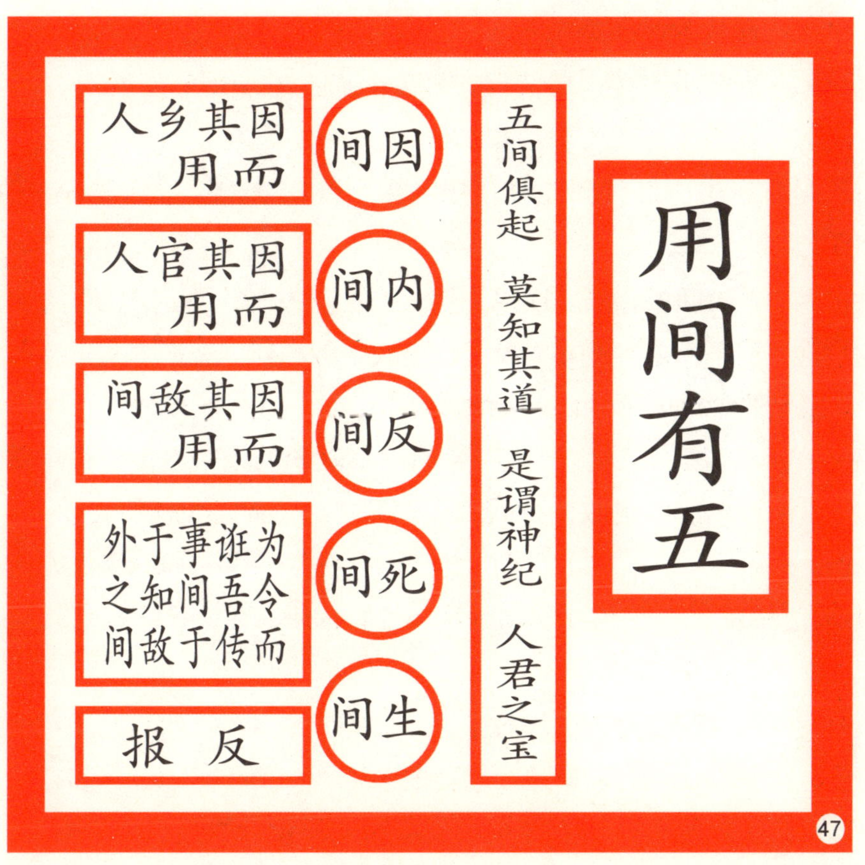

用间有五

用间有五。五间俱起，莫知其道，是谓神纪，人君之宝。因间，因其乡人而用；内间，因其官人而用；反间，因其敌间而用；死间，为诳事于外，令吾间知之，而传于敌间；生间，反报。

开篇就说，用间有五类：因间、内间、反间、死间、生间。然后一一进行解释。其相应关系如下：

因间——用敌方的乡人为间；

内间——用敌方的官吏为间；

反间——使敌方的间谍为我所用；

死间——因给敌方传递假情报，被发现后，难免被处死的人；

生间——能活着回来汇报情报者。

孙武同时指出，五种间谍都使用起来，高深莫测，非常神秘。这是国君制胜的法宝啊！

自古以来，用间的谋略、情报工作，涉及政治、经济、文化等各个领域。尤其在军事上，一个情报往往改变了一场战争的战局，决定一支军队的前途，甚至一个国家的命运。下面以两例说明。

例一：1941年6月，斯大林收到了周恩来发来的绝密电报："据可靠情报，巴巴洛 （希特勒用闪电战的方式袭击苏联的'红胡子计划'）将在6月22日4时全面展开！"为此，6月23日，斯大林向我党中央和周恩来发来了回电："由于中国情报及时，苏联红军提前准备24小时。"这一绝密情报是我地下党员阎宝航提供的。

1941年春，希特勒为了拉拢日本人，实现他的"红胡子计划"，密派了"狼团"谍报组到上海活动，同时也泄露了德军行动的准确日期。当时，阎宝航以委员长行营少将参谋、军委会政治总战地党政设计委员、中央赈济委员会顾问、大明实公司总经理等身份公开活动，掌握了这一情报。

可贵的24小时，斯大林赢得了紧急调整防御外敌的战略部署时机。

例二：1934年秋，由于党内"左"倾路线的错误领导，中央红军未能打破敌人的第五次"围剿"，形势十分严峻。9月下旬，蒋介石在庐山召开军事会议，在第五次围剿的基础上，重新调整兵力部署，制定一个最后彻底剿灭中央红军的"铁桶计划"。

"铁桶计划"准备集结150万大军、270架飞机和200门大炮，采取"分进合击"、"铁壁合围"的新战术，最后，把中央红军围歼在"赤都"瑞金。

这份“铁桶计划”策划极为严密、周详。蒋介石自信地发表讲话：“剿共大业，毕其攻于此役！”然而，蒋介石做梦也不会想到，这份严格保密到滴水不漏的“铁桶计划”，当天就被共产党人全部掌握，更想不到送出这份情报的，竟是他刚刚任命的国民党赣北第四行署专员兼保安司令莫雄。

莫雄何许人也？广东英德县人，参加过黄花岗起义、护国讨袁、讨伐陈炯明和北伐，历任团长、旅长、师长，少将参议。1934 年 1 月，出任赣北第四行署专员兼保安司令。他为人正直，富有正义感，认识中共党员项与年，并与周恩来、李克农建立联系。庐山军事会议后，他思考再三，毅然找到时任中共联络员、保安司令部机要秘书项与年，要他赶快把这份关乎党和红军生死存亡的绝密情报送出去。无疑，莫雄充当了内间的角色。

接下来，由项与年带上密写的情报，开始装扮为教书先生，穿山林，吃野果，喝泉水，艰难跋涉多天，为了躲过敌人的封锁，用石头敲下自己的4 颗门牙，装成蓬头垢面、浑身发臭乞讨的叫花子，终于找到了周恩来。

10 月 8 日至 18 日，红军主力 8.6 万人集结于都。21 日，成功突围。中央红军突围走后 10 天，国民党 150 万大军按照蒋介石的“铁桶计划”，兵临瑞金城下，这时才得知红军主力早已转移。蒋介石直至逃到台湾，始终没有查清究竟谁向共产党提供了情报。

是莫雄、项与年在红军危急关头送出了情报，促使党的临时中央迅速作出战略大转移的决策，使中央红军及时摆脱险境，踏上举世闻名的长征之路。莫、项二人挽救了中国革命，挽救了中央红军，党和人民永远不会忘记他们的功绩！

上述两例，足可说明内间所起到的作用。其实五类间谍的作用，各有其所。孙武偏重的是反间。为什么？下一阵图细说。

第四十八阵　“知之必在于反间”

——《用间篇》三阵图

知之必在于反间

必索敌人之间来间我者，因而利之，导而舍之，故反间可得而用。因是而知之：故乡间、内间可得而使，因是而知之，故死间为诳 (ku á ng) 事，可使告敌；因是而知之，故生间可使如期。知之必在于反间，故反间不可不厚。

对用间问题，孙武举例说，凡打仗、攻城、杀敌，对敌方的情况必须了解透彻，如守将、左右亲信以至传达通报的、守门的、侍从等的姓名，我方的间谍都要摸清楚。对敌方派来的间谍，要搜查出来，用重金收买，并给以优厚的待遇，以礼仪款待，妥善安置，使他为我所用。这样，根据反间了解的情况，乡间、内间就能更好地发挥作用了，死间就能给敌人传递假情报，生间就能按时回来汇报敌情。五种间谍的使用，作为君主、主帅都要懂得。但掌握情况关键在于反间，所以，要厚待反间。

在五种间谍中，无疑反间是最关键的。因为反间处于敌人内部，甚至身居要职，情况掌握最多、最准确，能起到其他间谍不能起到的作用。

在抗日战争和解放战争时期，西北地区国民党最高统治者是胡宗南，尽管他包围了陕甘宁根据地，但屡战屡败。从根本上说，是历史的必然，但还有一个重要原因，就是我党在他身边安排了一个“红色间谍”——熊向晖。他阻止和迟滞了国民党数次攻击延安和边区的军事行动，为保卫中央作出了贡献。毛泽东曾评价他“一个人能顶几个师”。

1943年2月，蒋介石亲自审定下达《对陕北奸区作战计划》。第八战区副司令长官胡宗南积极配合，加紧部署。5月，蒋介石趁共产国际解散之机，密电胡宗南：“乘此良机，闪击延安，一举攻占。”7月9日，胡宗南复命进攻延安，攻占边区。熊向晖此时是胡的侍从副官、机要秘书，是一个不离胡的左右的最被信赖的人。他及时将上述情况通过电台密报中央。党中央收到他的情报后，一方面向社会各界揭露蒋介石的阴谋，同时，以朱德的名义给胡宗南发出电报，指出，内战危急，有一触即发之势，国民党破坏抗战团结之大业，使日寇坐收渔利，陷国家民族于危亡之境。泄密了！胡宗南大吃一惊，但没有怀疑熊向晖，还接受熊向晖的意见，派特务追查泄密者。

鉴于事已败露，胡宗南考虑到这时闪击延安，可能会给了日军进攻的可乘之机，受到盟邦责难，又陷蒋介石于积极反共、消极抗日的不利地位，况且，我军已作了准备，此时进攻，捞不到什么好处，于是报告了蒋介石。7月7日，蒋介石复电“同意罢兵”。

还有，1747年3月初，蒋介石核准了胡宗南14日拂晓发起进攻延安的方案；国民党保密局配合此行动，专门给胡宗南配备美国最新侦测设备，侦察陕北我军各级指挥部位置等绝密情报等，一次又一次被熊向晖巧妙送出，使我军未受到重大损失。

熊向晖这个反间，与孙武讲的反间不同。他是我党派在胡宗南身边做反间工作的，而不是从敌人内部策反的。有人评价道："蒋介石在军事上、政治上不是共产党的对手，在情报上也远远不是共产党的对手。"

总结火攻篇和用间篇，作者的探讨明显打上古战争、古战场的烙印，提示式的，欠缺深度。但是，在那个时代，能够发现和提出这两个方面的谋略，已经非常不简单了。其中，对诸如他的战争观的表述，用间的看法，时至今天，仍然有重大的现实意义和指导价值。

后 记

磨砺了多少个日夜，本书终于搁笔。当一个大井字结构的孙子兵法组合总图呈现的时候，不禁眼前一亮，豁然开朗。此时此刻，仿佛进入了梦境，自己好比成了统帅，正在演兵场上，操演和检阅威武雄壮之师，畅快淋漓，圆了梦，获得人生最大的快乐。

感受最深刻的是，成书过程披荆斩棘，充满艰辛。

两千多年前如此古老、伟大的一部兵书，如此多专家、学者研究又硕果累累的作品，悟出新意，有自己的亮点特色，多不容易！用汉字阵图来演绎，更大不寻常。首先要博览群书，把各种版本的孙子兵法都作一番研究，每一篇、每一段、每一句都要仔细琢磨，又要概括、综合、分析，才能提炼出能涵盖全篇中心的若干观点。这些观点，简明扼要，通俗易懂，便于记忆。然后，按布阵规则和要求，以每个观点为一个主题，布一个阵，每3个阵图按品字型排列为一大阵，再由16个大阵组合成一个标志性的井田阵图。一部孙子兵法，一目了然地浓缩在48个形态各异的阵图总汇和巨鲸骨骼般的《孙子兵法脉络图谱》之中，还要反复对照比较、修改，力求尽善尽美，工作量之大，所耗费的心思，一言难尽。

把孙子兵法作为一个体系研究，有助于人们学习记忆。作为一个体系研究，再不是孤立于某一个篇章、某一个谋略上进行注释，而是要把全书当作一个整体，琢磨其中的篇与篇、章与章、段与段、句与句之间的逻辑关系；琢磨其结构，为什么这样安排篇章布局；琢磨其思路，每一篇是如何展开的，表述的方式技巧以及文章的写作特点等。最后，梳理出其脉络图谱来。这样，一个体系就清晰了，凸现了。

就我军的战史战例搜集和运用来说，虽然我们当中有一位是军人出身，也编过描写战争年代的一些书，但对我军的战史战例，详实知之的还不够。全部选择我军战史，资料确实不那么容易找？从书上找的，报刊杂志转载的，参考电视连续剧上的，但都远远不够。幸好在广州军区一间军事书店里，才如获至宝地找到几本合适的军史方面的书。战史战例找到后，为了更有说服力地诠释、说明孙子兵法，必须认真加以核对、整理，为我所用。值得说明的是，乍看起来，选用的战史战例比较零散、无序。其实，在如何选取和运用战史战例方面，我们的指导思想比较明确。其一，孙子兵法是一部体系严密完整的兵书，不单纯作战谋略，而是包括了战争的方方面面。我们选择的战史战例也包容着战争的方方面面。如战争观、军队建设、战略构想，战术运用等。其二，毛泽东军事思想是老一辈无产阶级革命家智慧的结晶，是我军几十年革命战争经验的总结，最能体现孙子兵法。我们选择的战史战例比较全面体现毛泽东的军事思想。其三，所选择的战史战例时间跨度比较长，有土地革命战争、抗日战争、解放战争、抗美援朝、中印边界、中越边界、中越自卫还击战等，都是我军建军以来的作战历程。虽然都是经典的战史战例，所诠释和说明的仅仅是孙子兵法和毛泽东军事思想的某一个观点，在庞大的孙子兵法和毛泽东军事思想体系中，如同冰山的一角。目的在于诠释和说明的需要，不应看作他们的全部。其四，孙子兵法的实质，就是“将军之事”的学问、指挥艺术。我们选择的战史战例全是共和国开国元帅、将领指挥打仗响当当的光辉战史，让读者从中领略他们高尚的品格和运筹帷幄、决战千里的指挥天才和战场风采。

这方面的要求细心、认真，所花的时间最多，工夫最大。完成每一个阵图，从寻找、选择战例，撰文到修改整理，有时一周也做不出来。为了完成这一作品，毛泽东选集四卷，几乎重新读了一遍；至于所购买的有关书本和战争题材电视连续剧的光碟，究竟有多少，已说不清了。

凭着对孙子兵法探秘、发掘的浓厚兴趣，凭着勇于创新的坚定信念，走前人未走过的路，集众人的智慧和灵感，聚沙成塔，我们终于完成这一魂牵梦萦的作品，为丰富中华民族的兵学文化，奉上一点绵力，为世界兵学文化宝库，亮剑、扬威！历尽艰辛写一部兵书，不是自讨苦吃么？但我们无愧无憾，深感所有的付出都舍得、值得，因为我们所研究的课题意义深远。

确实，回过头作一番回顾与欣赏，也不禁为之亢奋，感慨万千，自我陶醉！《孙子兵法井田阵》和《孙子兵法井田阵脉络图谱》价值非比寻常。

其一，符合和平、进步的世界发展潮流，与建设发展中国特色的和谐社会步调相合拍。《孙子兵法》这部兵书，它的真谛在哪？在研究和写作过程中，我们逐渐理解了孙武的战争观。从根本上说，他把战争看作是不得已的行为，主张仁战，反对暴力，倡导上兵伐谋，以自身的强大，不战而屈人之兵。劝诫君主和将帅对战争须慎之又慎，因为战争劳民伤财，“亡国不可以复存，死者不可以复生”。学习掌握兵书，就是为了消灭战争，推动和平进步，实现世界和谐发展。

其二，历史和现实证明，《孙子兵法》所讲的军事理论方面谋略，其适用绝不限于军事领域，政治上、外交上、商业上、艺术上，以及社会生活各个方面，如处理国际事务、安邦治国、商场竞争、体育竞技、研究学问，诊病治病，以至人生事业等，都可以从孙子兵法中悟出哲理，得到启迪。

其三，用阵图和图谱的艺术形式演绎《孙子兵法》，将古老的阵法与传世的兵法，从形式和内容巧妙结合，融为一炉，充满神韵和魅力。它给人一种焕然一新、美不胜收的艺术享受。与其说在写书，不如说也是在画图，在精心描绘前人未曾尝试过、图文并茂、精妙绝伦的孙子兵法画图。这种兵学文化艺术也许会成为一个新的流派。

其四，其商业开发价值不可估量。出书，本身就是一部奇书、教科书，相信会赢得众多读者，并可译成各国文字版本的书籍，传播于世界；让书法家写成名家书法作品，出版书法大典，走上市场；出版字帖，在欣赏、学习孙子兵法的同时，练习书法；制作成长卷，在国内外巡回展出；在有关的展览馆、旅游圣地、文化广场里，制作成壁画景观，或建成专题艺术长廊；刻成名家篆刻珍品，出版印谱，或铸造青铜巨印、金印，制作石刻，或出版特种艺术邮票、明信片、挂历、扑克牌等，具有非常高的艺术收藏价值。

当然，这潜藏的巨大商业价值的实现，还有待于开发。我们以“阵”会友，希望这项成果能够与全国各省市、各地文化、旅游部门、景点，中外孙子兵法研究会、文化团体、爱好者，以及这方面的儒商和有识之士，与我们携手合作，共同开发项目，一起实现双赢，共创兵学文化产业的辉煌！

本书研究成果得到贵州凤岗生命产业特区管理有限总公司大力支持和鼎力合作，将史上第一艺术兵书《孙子兵法井田阵》引入孙子兵法发祥地苏州，采用广东蒙娜丽莎新型材料集团有限公司生产的陶瓷薄版（PP板材）和先进的雕刻技术，在孙子著《孙子兵法》穹窿山附近的古吴胥王园精心建造大型文化陶瓷挂壁。该艺术作品熔古铸今，既为该园增添了新的色彩，同时又与伍子胥故事壁画融为一体，有助于后人更好地了解两位春秋时期吴国著名将军的历史功绩，传播学习他们卓越的兵法艺术。

作 者

2011年10月

附　录

附录一：

孙子兵法井田阵战例索引

三、谋攻篇

四、形篇

五、势篇

十、地形篇

十一、九地篇

十二、火攻篇

十三、用间篇

附录二：

主要参考书目

【1】中共中央毛泽东选集出版委员会 . 毛泽东选集（合订一卷本）. 北京：人民出版社 ,1969

【2】郭化若今译 . 孙子兵法 . 上海：古籍出版社 , 2006

【3】夏征难 . 毛泽东兵法精要 . 北京：解放军出版社 , 2006

【4】胡正 . 八路军抗战秘档全公开 . 北京：军事科学出版社 , 2005

【5】王苏红，王玉彬 . 新四军抗战秘档全公开 . 北京：军事科学出版社 , 2005

【6】唐志龙 . 孙子百谋 . 上海：汉语大词典出版社 , 2003

【7】余日昌 . 法计合韵 . 北京：中国人民大学出版社 , 2005

【8】陈国庆主编 . 孙子兵法智谋三百 . 合肥：安徽人民出版社 , 2005

【9】吴兆基编著 . 孙子兵法与三十六计 . 北京：京华出版社 , 2002

【10】韩琳主编 . 孙子兵法实战大观（上、中、下）. 呼和浩特：蒙古人民出版社 , 2006

附录三：

孙子兵法井田阵脉络图谱及说明

孙子兵法井田阵脉络图谱是孙子兵法井田阵一个组成部分，是依据体系·脉络的研究和48个阵图、解释等进一步浓缩、精炼而成的。脉络图谱全方位展示孙子兵法的精华。在此，一部伟大的中国古代兵书一目了然。

创作这个脉络图谱的初衷，是让读者从宏观方面、从整体上进一步把握孙子兵法，更有序地帮助大家理解、更有效地记忆；不是支离破碎记住其中的一些兵法要点，而是全面系统地把孙子兵法装在脑子里，便于在实践中运用。实践证明，这是学习孙子兵法一种好方法，可以说是一条捷径。

这个图谱是作者在探索孙子兵法井田阵的同时诞生的。之所以这样说，因为作者认为孙武是一个文学大家，孙子兵法所以能成为古往今来举世推崇的作品，因为这本书无论思想上、写作上都有独到之处。全书构思严密，思路清晰，观点鲜明，篇章结构非常严谨。因此，必须把孙子兵法看作一个完整的体系来研究。既然是一个体系，篇与篇、段与段、句与句彼此之间，都应由一根红线所牵引，都有比较紧密的逻辑联系。这些紧密的逻辑联系之间自然形成一张网络，纲举目张。有了这一规矩，便符合布阵的要求。于是，产生了制作脉络图谱的构想。

构想成为现实需要付出艰巨的劳动。如何制作此图谱？作者在研究过程中，发现全书基本由五个层次构成。第一个层次为题，即图谱的题目；第二层次为纲，即把全书当作一场战争分几个阶段看待；第三层次为篇，即十三篇题目；第四层次为基本观点，即48个阵图的观点；第五个层次是目，即对基本观点的说明、解释、延伸等。五个层次定位后，孙子兵法井田阵脉络图谱基本成型，再经过多次修改，尤其文字上的斟酌，终于大功告成了。

孙子兵法井田阵脉络图谱与孙子兵法井田阵阵图，珠联璧合，两者既共通，又互补。可以说，孙子兵法井田阵脉络图谱又是一个前所未有的创新。